HARRAP'S

FRENCH
pocket
VERBS

New York Chicago San Francisco Lisbon London Madrid Mexico City
Milan New Delhi San Juan Seoul Singapore Sydney Toronto

ISBN 978-0-07-162904-1
MHID 0-07-162904-1

McGraw-Hill books are available at special quantity discounts to use as
premiums and sales promotions or for use in corporate training programs.
To contact a representative, please visit the Contact Us pages at
www.mhprofessional.com.

Project Editors: Alex Hepworth, Kate Nicholson
With Helen Bleck

Designed by Chambers Harrap Publishers Ltd, Edinburgh
Typeset in Rotis Serif and Meta Plus by Macmillan Publishing Solutions

INTRODUCTION

Chambers' concise yet authoritative guide to French verbs is
designed to be a quick, straightforward reference for all learners
of French. It opens with some essential grammatical information,
explaining in accessible terms how different verb types are
conjugated and how the various tenses are used. The main body
of the book is then comprised of verb tables, showing the full
conjugation of over 200 French verbs which can be used as models
for all the others. In the extensive bilingual index, verbs are
cross-referred to the table whose model they follow, while those
used as models themselves are clearly marked.

This new edition has been updated with a smart two-colour design
to make consultation even easier and more enjoyable. Suitable for
everyone from beginners to experienced language learners, this
pocket reference is an essential companion for anyone wishing to
communicate effectively in French.

CONTENTS

A GLOSSARY OF GRAMMATICAL TERMS

ACTIVE The active form of a verb is the basic form as in I *love* him. It is normally opposed to the **PASSIVE** form of the verb as in he *is loved*.

AUXILIARY The French auxiliary verbs are avoir ('to have') and être ('to be'). They are used to make up the first part of **COMPOUND TENSES**, the second part being a **PAST PARTICIPLE**, eg j'ai mangé, il est allé.

CLAUSE A clause is a group of words which contains at least a **SUBJECT** and a **VERB**: he said is a clause. A clause often contains more than this basic information, eg he said this to her yesterday. Sentences can be made up of several clauses, eg he said/he'd call me/if he were free.

COMPOUND TENSE Compound tenses are verb tenses consisting of more than one element. In French, the compound tenses of a verb are formed by the **AUXILIARY VERB** and the **PAST PARTICIPLE**: j'ai visité, il est venu.

CONDITIONAL This mood is used to describe what someone would do, or something that would happen if a condition were fulfilled, eg I would come if I were well, the chair would have broken if he had sat on it.

CONJUGATION The conjugation of a verb is the set of different forms taken in the particular tenses of that verb.

DIRECT OBJECT A direct object is a noun or a pronoun which in English follows a verb without any linking preposition, eg I met a friend.

ENDING The ending of a verb is determined by the *person* (1st/2nd/3rd) and *number* (singular/plural) of its subject. In French, most tenses have six different endings. *See* **PERSON** and **NUMBER**.

IMPERATIVE This mood is used for giving orders, eg eat!, don't go!

INDICATIVE This is the 'normal' form of a verb as in I like, he came, we are trying. It is opposed to the SUBJUNCTIVE, CONDITIONAL and IMPERATIVE.

INDIRECT OBJECT An indirect object is a pronoun or noun which follows a verb indirectly, with a linking preposition (usually to), eg I spoke to *my friend/him*.

INFINITIVE The infinitive is the 'basic' form of the verb as found in dictionaries. In English it is often preceded by to, eg to eat, to finish, to take. In French, the infinitive is recognizable by its ending (-er, -ir or -re, eg manger, finir, prendre).

INTRANSITIVE VERB An intransitive verb is one which does not take a DIRECT OBJECT, eg Peter sneezed loudly. *See also* TRANSITIVE VERB.

MOOD This is the name given to the four main areas within which a verb is conjugated. *See* INDICATIVE, SUBJUNCTIVE, CONDITIONAL, IMPERATIVE.

OBJECT *See* DIRECT OBJECT *and* INDIRECT OBJECT.

PASSIVE A verb is used in the passive when the subject of the verb does not perform the action but is subjected to it. The passive is formed with the verb to be and the past participle of the verb, eg he was rewarded. It is generally opposed to the ACTIVE form.

PAST PARTICIPLE The past participle of a verb is the form which is used after to have in English, eg I have *eaten*, I have *said*, you have *tried*.

PERSON In any tense, there are three persons in the singular (1st: I ..., 2nd: you ..., 3rd: he/she/it ...), and three in the plural (1st: we ..., 2nd: you ..., 3rd: they ...). *See also* ENDING.

PRESENT PARTICIPLE   The present participle is the verb form which ends in **-ing** in English and **-ant** in French.

REFLEXIVE   Reflexive verbs 'reflect' the action back onto the subject, eg **I dressed myself**. They are always found with a reflexive pronoun and are much more common in French than in English. In the **INFINITIVE**, French reflexive verbs are preceded by se or s'.

SIMPLE TENSE   Simple tenses are tenses in which the verb consists of one word only, eg j'habite, Maurice partira.

STEM   The stem of a verb is its 'basic unit' to which the various endings are added. In French, the stem of parler is parl-, finir > fin-, prendre > prend- *etc.*

SUBJECT   The subject of a verb is the noun or pronoun which performs the action. In the sentences, **the train left early** and **she bought a record**, *the train* and *she* are the subjects.

SUBJUNCTIVE   The subjunctive is a verb form which is rarely used in English, eg **if I** *were* **you, God** *save* **the Queen**, but common in French.

SUBORDINATE CLAUSE   A subordinate clause is a group of words with a **SUBJECT** and a **VERB** which is dependent on another clause, ie it cannot stand alone. For example, in **he said he would leave**, *he would leave* is the subordinate clause dependent on *he said*.

TENSE   Verbs are used in tenses, which tell us whether an action takes place in the present, the past or the future.

TRANSITIVE VERB   A transitive verb is one which takes a **DIRECT OBJECT**, eg **he ate the apple**.

VERB   A verb is a word which describes the performance of an action, eg **to sing, to work, to watch** or the existence of a state, eg **to be, to have, to hope**. *See also* **INTRANSITIVE VERB**.

VOICE   The two voices of a verb are its **ACTIVE** and **PASSIVE** forms.

GRAMMATICAL INFORMATION

A THE MAIN VERB CATEGORIES

There are three main conjugations in French, each one distinguished by the ending of its infinitive:

verbs ending in -ER
verbs ending in -IR
verbs ending in -RE

First Conjugation: verbs ending in -ER

Most of these follow the pattern of chanter ('to sing'), which is given in full in **table 31**. See **D.** below, however, for standard irregularities.

Second Conjugation: verbs ending in -IR

Most of these follow the pattern of finir ('to finish'), which is given in full in **table 92**.

Third Conjugation: verbs ending in -RE

These follow several different patterns; consult the index for the conjugation of individual verbs.

Standard Irregularities of the First Conjugation

1 Verbs ending in -cer

These require a cedilla under the c before an **a** or an **o** to preserve the soft sound of the c. The model for these verbs is commencer ('to begin'), given in full in **table 34**. For example:

| je commence | *but* | nous commençons |
| je commençais | *but* | nous commencions |

2 Verbs ending in -ger

These require an e after the g before an a or an o to preserve the soft sound of the g. The model for these verbs is manger ('to eat'), given in full in **table 116**. For example:

| je mange | *but* | nous mangeons |
| nous mangions | *but* | je mangeais |

3 Verbs ending in -eler

Some of these double the l before a silent e (changing -el- to -ell-). The model for these verbs is appeler ('to call'), given in full in **table 14**. For example:

| j'appelle | *but* | vous appelez |
| il appellera | *but* | il appela |

Others change -el- to -èl- before a silent e. The model for these verbs is peler ('to peel'), given in full in **table 142**. For example:

| je pèle | *but* | je pelai |
| il pèlera | *but* | il pelait |

Consult the index to find out which pattern a particular verb follows.

4 Verbs ending in -eter

Some of these double the t before a silent e (changing -et- to -ett-). The model for these verbs is jeter ('to throw'), given in full in **table 108**. For example:

| je jette | *but* | je jetais |
| il jettera | *but* | il jeta |

Others change -et- to -èt- before a silent e. The model for these verbs is acheter ('to buy'), given in full in **table 3**. For example:

| j'achète | *but* | j'achetai |
| vous achèterez | *but* | vous achetiez |

Consult the index to find out which pattern a particular verb follows.

5 Verbs ending in e + consonant + er

Verbs ending in -ecer, -emer, -ener, -eser, -ever and -evrer follow
the general pattern of acheter and peler, changing their -e- to -è-
before a silent e. Individual models for these verbs are given in
the tables: dépecer (58), semer (185), mener (119), peser (146), élever
(73), sevrer (190). For example:

| je pèse | *but* | je pesais |
| nous mènerons | *but* | nous menions |

6 Verbs ending in é + consonant + er

Verbs ending in -écer, -éder, -éger, -éler, -émer, -éner, -érer, -éser
and -éter, as well as -ébrer, -écher, -écrer, -égler, -égner, -égrer,
-éguer, -équer and -étrer change the -é- to -è- before a silent e
in the present indicative and subjunctive, but not in the future
and conditional. Models for these verbs are given in the tables:
rapiécer (165), céder (29), protéger (163), révéler (178), écrémer (71),
réfréner (167), préférer (156), léser (114), compléter (35), célébrer (30),
sécher (184), exécrer (88), régler (168), régner (169), intégrer (104),
léguer (113), disséquer (64), pénétrer (143). For example:

| je préfère | *but* | je préférerai |
| il célèbre | *but* | il célébrerait |

7 Verbs ending in -oyer and -uyer

The y changes to i before a silent e. The models for these verbs
are nettoyer (129) and ennuyer (78). For example:

| je nettoierai | *but* | je nettoyais |
| tu ennuies | *but* | tu ennuyas |

8 Note that verbs ending in -ayer, such as payer (140), do not
generally change the y to i, although this spelling also exists.

 USE OF TENSES

Indicative

1 PRESENT

The present is used to describe a current state of affairs or an action taking place at the time of speaking:

il travaille dans un bureau
he *works* in an office

ne le dérangez pas, il travaille
don't disturb him, he *is working*

It can also be used to express the immediate future:

je pars demain
I'*m leaving* tomorrow

2 IMPERFECT

The imperfect is a past tense used to express what someone was doing or what someone used to do or to describe something in the past. The imperfect refers particularly to something that *continued* over a period of time, as opposed to something that happened at a specific point in time:

il prenait un bain quand le téléphone a sonné
he *was having* a bath when the phone rang

je le voyais souvent quand il habitait dans le quartier
I *used to see* him often when he *lived* in this area

elle portait une robe bleue
she *was wearing* a blue dress

3 PERFECT

The perfect is a compound past tense, used to express *single* actions which have been completed, ie what someone did or what someone has done/has been doing or something that has happened or has been happening:

je lui ai écrit lundi
I *wrote* to him on Monday

j'ai lu toute la journée
I'*ve been reading* all day

Note that in English, the simple past ('did', 'went', 'prepared') is used to describe both single and repeated actions in the past. In French, the perfect describes only single actions in the past, while repeated actions are expressed with the imperfect. Thus 'I went' should be translated j'allais or je suis allé depending on the nature of the action:

après dîner, je suis allé en ville
after dinner, I *went* to town

l'an dernier, j'allais plus souvent au cinéma
last year, I *went* to the cinema more often

4 PAST HISTORIC

This tense is used in the same way as the perfect tense, ie to describe a single, completed action in the past (what someone did or something that happened). It is a *literary* tense, not used in everyday spoken French. It is mainly found in *written* form as a narrative tense:

le piéton ne vit pas arriver la voiture
the pedestrian *didn't see* the car coming

5 PLUPERFECT

This compound tense is used to express what someone had done or had been doing or something that had happened or had been happening:

elle était essoufflée parce qu'elle avait couru
she was out of breath because she *had been running*

6 FUTURE

This tense is used to express what someone will do or will be doing or something that will happen or will be happening:

je ferai la vaisselle demain
I*'ll wash the dishes* tomorrow

7 PAST ANTERIOR

This tense is used instead of the pluperfect tense to express an action that preceded another action in the past (ie a past in the past). It is usually introduced by a conjunction of time (translated by 'when', 'as soon as', 'after' *etc*):

il se coucha dès qu'ils furent partis
he went to bed as soon as they *had left*

8 FUTURE PERFECT

This compound tense is used to describe what someone will have done or will have been doing in the future or to describe something that will have happened in the future:

appelle-moi quand tu auras fini
call me when you*'ve finished*

Imperative

The imperative is used to give orders:

mange ta soupe!	**n'aie pas peur!**
eat your soup!	don't be afraid!
partons!	**entrez!**
let's go!	come in!

Conditional

1 CONDITIONAL PRESENT

This tense is used to describe what someone would do or would be doing or what would happen (if something else were to happen):

si j'étais riche, j'achèterais un château
if I were rich, I *would buy* a castle

It is also used in indirect questions or reported speech instead of the future:

il ne m'a pas dit s'il viendrait
he didn't tell me whether he *would come*

2 PAST CONDITIONAL

This tense is used to express what someone would have done or would have been doing or what would have happened:

si j'avais su, j'aurais apporté du pain
if I had known, I *would have brought* some bread

Subjunctive

The subjunctive is used to express doubts, wishes, necessity *etc*. It appears only in subordinate clauses and is introduced by the conjunction **que**.

1 PRESENT SUBJUNCTIVE

il veut que je parte	**il faut que tu restes ici**
he wants me *to go away*	you have *to stay* here

2 IMPERFECT SUBJUNCTIVE

The imperfect subjunctive, used in past subordinate clauses, is very rare in conversation and is mainly found in literature or in texts of a formal nature:

je craignais qu'il ne se fachât
I was afraid that he *would get angry*

3 PERFECT SUBJUNCTIVE

The perfect subjunctive is used when the action expressed in the subordinate clause happens before another action:

je veux que tu aies terminé quand je reviendrai
I want you to *be finished* when I come back

Infinitive

1 PRESENT INFINITIVE

This is the basic form of the verb. It is recognized by its ending, which is found in three forms corresponding to the three conjugations: **-er**, **-ir**, **-re**.

These endings give the verb the meaning 'to ...':

acheter	choisir	vendre
to buy	to choose	to sell

2 PAST INFINITIVE

The perfect infinitive is used instead of the present infinitive when the action expressed by the infinitive happens before the main action or before what is referred to by the main verb:

je regrette d'avoir menti
I'm sorry I *lied* (lit. 'for *having lied*')

Participle

1 PRESENT PARTICIPLE

This corresponds to the English participle ending in *-ing* (eg 'eating'):

en marchant
while walking

This form is less common than it is in English (French prefers constructions with the infinitive).

2 PAST PARTICIPLE

This translates the English past participle ('eaten', 'arrived') and is used to form all the compound tenses:

un pneu crevé	j'ai trop mangé
a *burst* tyre	I've *eaten* too much

For rules governing the agreement of the past participle, see pp 17-19.

 C THE AUXILIARIES ÊTRE AND AVOIR IN COMPOUND TENSES

Compound tenses of verbs – such as the past historic, the pluperfect and so on – are formed by using the appropriate form of the auxiliary verbs avoir or être and the past participle of the main verb:

il a perdu	**je suis parti**
he lost	I left

Auxiliary avoir or être?

Avoir (table 24) is used to form the compound tenses of most verbs. Être (table 85) is used to form the compound tenses of:

a) reflexive verbs:

je me suis baigné	**ils se sont rencontrés à Paris**
I had a bath	they met in Paris

b) the following verbs (mainly verbs of motion):

aller	to go
arriver	to arrive
descendre	to go/come down
devenir	to become
entrer	to go/come in
monter	to go/come up
mourir	to die
naître	to be born
partir	to go away
passer	to pass, to go through
rentrer	to go in/home
rester	to stay
retourner	to go back
sortir	to go/come out
tomber	to fall
venir	to come

and most of their compounds (eg repartir, survenir *etc*).
Some of these verbs can be used transitively, ie with a
direct object (taking on a different meaning). They are then
conjugated with **avoir**:

il est sorti hier soir
he went out last night
but

il a sorti un mouchoir de sa poche
he took a handkerchief from his pocket

elle est retournée en France
she's gone back to France
but

elle a retourné la lettre à l'expéditeur
she returned the letter to the sender

In the index, verbs are always cross-referred to a verb
taking the same auxiliary, unless otherwise stated in a
footnote.

 D AGREEMENT OF THE PAST PARTICIPLE

Use As An Adjective

When it is used as an adjective, the past participle always agrees
with the noun or pronoun to which it refers:

une pomme pourrie	**ils étaient fatigués**
a rotten apple	they were tired

In Compound Tenses

1 With the auxiliary **avoir**

With the auxiliary **avoir** the past participle does not normally
change:

elles ont mangé des frites
they ate some chips

The past participle agrees in number and gender with the direct object only when the direct object comes *before* the participle, ie in the following cases:

a) in a clause introduced by the relative pronoun que

la valise qu'il a perdue
the suitcase he lost

b) with a direct object pronoun

je l'ai vue hier
I saw her yesterday

c) in a clause introduced by **combien de, quel, quelle** *etc*, or **lequel, laquelle** *etc*

combien de pays as-tu visités?
how many countries did you visit?

2 With the auxiliary être

In the following cases the past participle agrees with the subject of the verb:

a) ordinary verbs with être

elle était déjà partie
she had already left

b) the passive

les voleurs ont été arrêtés
the thieves have been arrested

c) reflexive verbs

The past participle of reflexive verbs agrees with the subject of the verb:

Marie s'est endormie   **ils se sont disputés**
Marie fell asleep   they had an argument

However, when the reflexive pronoun is an *indirect object*, the past participle does not agree with the subject of the verb:

elles se sont écrit
they wrote to each other

This is also the case where parts of the body are mentioned:

elle s'est lavé **les cheveux**
she washed her hair

 # E THE PASSIVE

The passive is used when the subject of the verb does not perform the action, but is subjected to it, eg:

the house *has been sold*
he *was made* redundant

Passive tenses are formed with the corresponding tense of the verb être ('to be', as in English), followed by the past participle of the verb:

j'ai été invité
I was invited

The past participle must agree with its subject:

elle a été renvoyée
she has been dismissed

The passive is far less common in French than in English. It is often replaced by other constructions:

on m'a volé **mon sac**   elle s'appelle **Anne**
my bag has been stolen   she is called Anne

ma collègue m'a invité
I've been invited by my colleague

il s'est fait renverser par une voiture
he was run over by a car

In the verb table on the following page we give one model verb, être aimé, in the passive voice. Other verbs follow the same pattern.

ÊTRE AIMÉ
to be loved

PRESENT	IMPERFECT	FUTURE
je suis aimé(e)	j'étais aimé(e)	je serai aimé(e)
tu es aimé(e)	tu étais aimé(e)	tu seras aimé(e)
il (elle) est aimé(e)	il (elle) était aimé(e)	il (elle) sera aimé(e)
nous sommes aimé(e)s	nous étions aimé(e)s	nous serons aimé(e)s
vous êtes aimé(e)(s)	vous étiez aimé(e)(s)	vous serez aimé(e)(s)
ils (elles) sont aimé(e)s	ils (elles) étaient aimé(e)s	ils (elles) seront aimé(e)s

PAST HISTORIC	PERFECT	PLUPERFECT
je fus aimé(e)	j'ai été aimé(e)	j'avais été aimé(e)
tu fus aimé(e)	tu as été aimé(e)	tu avais été aimé(e)
il (elle) fut aimé(e)	il (elle) a été aimé(e)	il (elle) avait été aimé(e)
nous fûmes aimé(e)s	nous avons été aimé(e)s	nous avions été aimé(e)s
vous fûtes aimé(e)(s)	vous avez été aimé(e)(s)	vous aviez été aimé(e)(s)
ils (elles) furent aimé(e)s	ils (elles) ont été aimé(e)s	ils (elles) avaient été aimé(e)s

PAST ANTERIOR	FUTURE PERFECT
j'eus été aimé(e) *etc*	j'aurai été aimé(e) *etc*

CONDITIONAL

PRESENT	PAST
je serais aimé(e)	j'aurais été aimé(e)
tu serais aimé(e)	tu aurais été aimé(e)
il (elle) serait aimé(e)	il (elle) aurait été aimé(e)
nous serions aimé(e)s	nous aurions été aimé(e)s
vous seriez aimé(e)(s)	vous auriez été aimé(e)(s)
ils (elles) seraient aimé(e)s	ils (elles) auraient été aimé(e)s

IMPERATIVE

sois aimé(e)
soyons aimé(e)s
soyez aimé(e)(s)

SUBJUNCTIVE

PRESENT	IMPERFECT	PERFECT
je sois aimé(e)	je fusse aimé(e)	j'aie été aimé(e)
tu sois aimé(e)	tu fusses aimé(e)	tu aies été aimé(e)
il (elle) soit aimé(e)	il (elle) fût aimé(e)	il (elle) ait été aimé(e)
nous soyons aimé(e)s	nous fussions aimé(e)s	nous ayons été aimé(e)s
vous soyez aimé(e)(s)	vous fussiez aimé(e)(s)	vous ayez été aimé(e)(s)
ils (elles) soient aimé(e)s	ils (elles) fussent aimé(e)s	ils (elles) aient été aimé(e)s

INFINITIVE

PRESENT
être aimé(e)(s)

PAST
avoir été aimé(e)(s)

PARTICIPLE

PRESENT
étant aimé(e)(s)

PAST
été aimé(e)(s)

 F DEFECTIVE VERBS

Defective verbs are verbs that are not used in all tenses or persons.
Most of them are no longer commonly used, or are used only in
a few set expressions. However, since their conjugation follows
irregular patterns, we have given a selection of these verb endings
in the following tables:

211	accroire
5	advenir
211	apparoir
66	braire *(see note)*
32	choir
33	clore
52	déchoir
69	échoir
70	éclore
75	enclore
79	s'ensuivre
89	faillir
91	falloir
94	foutre
95	frire
98	gésir
109	oindre *(see note)*
211	ouïr
135	paître
151	poindre
164	puer
170	renaître
182	saillir
187	seoir
66	traire *(see note)*

G VERBAL CONSTRUCTIONS WITH THE INFINITIVE

The following verbs can all be used in infinitive constructions. The
infinitive will be used either without a preposition at all, with the
preposition à or with the preposition de. Note that many of these

verbs can also take other constructions, eg a direct object or que with the subjunctive.

1 Verbs followed by an infinitive without a linking preposition:

adorer	to love (doing)
aimer	to like (doing)
aimer mieux	to prefer (to do)
aller	to go (and do)
compter	to expect (to do)
daigner	to deign (to do)
descendre	to go down (and do)
désirer	to wish (to do)
détester	to hate (to do)
devoir	to have to (do)
écouter	to listen (to someone doing)
entendre	to hear (someone doing)
entrer	to go in (and do)
envoyer	to send (to do)
espérer	to hope (to do)
faillir	'to nearly' (do)
faire	to make (do)
falloir	to have to (do)
laisser	to let (do)
monter	to go up (and do)
oser	to dare (to do)
paraître	to seem (to do)
pouvoir	to be able to (do)
préférer	to prefer (to do)
regarder	to watch (someone do)
rentrer	to go in (and do)
savoir	to be able to (do)
sembler	to seem (to do)
sortir	to go out (and do)
souhaiter	to wish (to do)
valoir mieux	to be better (doing)
venir	to come (and do)
voir	to see (someone doing)
vouloir	to want (to do)

2 Verbs followed by an infinitive with the linking preposition à:

s'accoutumer à	to get used to (doing)
aider à	to help (to do)
s'amuser à	to play at (doing)
apprendre à	to learn (to do)
s'apprêter à	to get ready (to do)
arriver à	to manage (to do)
s'attendre à	to expect (to do)
autoriser à	to allow (to do)
chercher à	to try (to do)
commencer à	to start (doing)
consentir à	to agree (to do)
consister à	to consist in (doing)
continuer à	to continue (to do)
se décider à	to make up one's mind (to do)
encourager à	to encourage (to do)
s'engager à	to undertake (to do)
enseigner à	to teach how (to do)
s'évertuer à	to try hard (to do)
forcer à	to force (to do)
s'habituer à	to get used (to doing)
hésiter à	to hesitate (to do)
inciter à	to prompt (to do)
s'intéresser à	to be interested in (doing)
inviter à	to invite (to do)
se mettre à	to start (doing)
obliger à	to force (to do)
s'obstiner à	to persist (in doing)
parvenir à	to succeed in (doing)
passer son temps à	to spend one's time (doing)
perdre son temps à	to waste one's time (doing)
persister à	to persist (in doing)
pousser à	to urge (to do)
se préparer à	to get ready (to do)
renoncer à	to give up (doing)
rester à	to be left (to do)
réussir à	to succeed in (doing)

servir à	to be used for (doing)
songer à	to think of (doing)
tarder à	to delay (doing)
tenir à	to be keen (to do)

3 Verbs followed by an infinitive with the linking preposition **de**:

accepter de	to agree (to do)
accuser de	to accuse of (doing)
achever de	to finish (doing)
s'arrêter de	to stop (doing)
avoir besoin de	to need (to do)
avoir envie de	to feel like (doing)
avoir peur de	to be afraid (to do)
cesser de	to stop (doing)
se charger de	to undertake (to do)
commander de	to order (to do)
conseiller de	to advise (to do)
se contenter de	to make do with (doing)
continuer de	to continue (to do)
craindre de	to be afraid (to do)
décider de	to decide (to do)
déconseiller de	to advise against (doing)
défendre de	to forbid (to do)
demander de	to ask (to do)
se dépêcher de	to hurry (to do)
dire de	to tell (to do)
dissuader de	to dissuade from (doing)
s'efforcer de	to try (to do)
empêcher de	to prevent (from doing)
s'empresser de	to hasten (to do)
entreprendre de	to undertake (to do)
envisager de	to intend to (do)
essayer de	to try (to do)
s'étonner de	to be surprised (at doing)
éviter de	to avoid (doing)
s'excuser de	to apologize for (doing)

faire semblant de	to pretend (to do)
feindre de	to pretend (to do)
finir de	to finish (doing)
se garder de	to be careful not to (do)
se hâter de	to hasten (to do)
interdire de	to forbid (to do)
jurer de	to swear (to do)
manquer de	'to nearly' do
menacer de	to threaten (to do)
mériter de	to deserve (to do)
négliger de	to fail (to do)
s'occuper de	to undertake (to do)
offrir de	to offer (to do)
omettre de	to omit (to do)
ordonner de	to order (to do)
oublier de	to forget (to do)
permettre de	to allow (to do)
persuader de	to persuade (to do)
prier de	to ask (to do)
promettre de	to promise (to do)
proposer de	to offer (to do)
recommander de	to recommend (to do)
refuser de	to refuse (to do)
regretter de	to be sorry (to do)
remercier de	to thank for (doing)
résoudre de	to resolve (to do)
se retenir de	to restrain oneself (from doing)
risquer de	to risk (doing)
se souvenir de	to remember (doing)
suggérer de	to suggest (doing)
supplier de	to implore (to do)
tâcher de	to try (to do)
tenter de	to try (to do)
venir de	'to have just' (done)

ACCROÎTRE
1 _to increase_

PRESENT	IMPERFECT	FUTURE
j'accrois	j'accroissais	j'accroîtrai
tu accrois	tu accroissais	tu accroîtras
il accroît	il accroissait	il accroîtra
nous accroissons	nous accroissions	nous accroîtrons
vous accroissez	vous accroissiez	vous accroîtrez
ils accroissent	ils accroissaient	ils accroîtront

PAST HISTORIC	PERFECT	PLUPERFECT
j'accrus	j'ai accru	j'avais accru
tu accrus	tu as accru	tu avais accru
il accrut	il a accru	il avait accru
nous accrûmes	nous avons accru	nous avions accru
vous accrûtes	vous avez accru	vous aviez accru
ils accrurent	ils ont accru	ils avaient accru

PAST ANTERIOR	FUTURE PERFECT
j'eus accru _etc_	j'aurai accru _etc_

CONDITIONAL   IMPERATIVE

PRESENT	PAST	
j'accroîtrais	j'aurais accru	accrois
tu accroîtrais	tu aurais accru	accroissons
il accroîtrait	il aurait accru	accroissez
nous accroîtrions	nous aurions accru	
vous accroîtriez	vous auriez accru	
ils accroîtraient	ils auraient accru	

SUBJUNCTIVE

PRESENT	IMPERFECT	PERFECT
j'accroisse	j'accrusse	j'aie accru
tu accroisses	tu accrusses	tu aies accru
il accroisse	il accrût	il ait accru
nous accroissions	nous accrussions	nous ayons accru
vous accroissiez	vous accrussiez	vous ayez accru
ils accroissent	ils accrussent	ils aient accru

INFINITIVE   PARTICIPLE

PRESENT	PRESENT
accroître	accroissant

PAST	PAST
avoir accru	accru

PRESENT
j'accueille
tu accueilles
il accueille
nous accueillons
vous accueillez
ils accueillent

IMPERFECT
j'accueillais
tu accueillais
il accueillait
nous accueillions
vous accueilliez
ils accueillaient

FUTURE
j'accueillerai
tu accueilleras
il accueillera
nous accueillerons
vous accueillerez
ils accueilleront

PAST HISTORIC
j'accueillis
tu accueillis
il accueillit
nous accueillîmes
vous accueillîtes
ils accueillirent

PERFECT
j'ai accueilli
tu as accueilli
il a accueilli
nous avons accueilli
vous avez accueilli
ils ont accueilli

PLUPERFECT
j'avais accueilli
tu avais accueilli
il avait accueilli
nous avions accueilli
vous aviez accueilli
ils avaient accueilli

PAST ANTERIOR
j'eus accueilli *etc*

FUTURE PERFECT
j'aurai accueilli *etc*

CONDITIONAL

PRESENT
j'accueillerais
tu accueillerais
il accueillerait
nous accueillerions
vous accueilleriez
ils accueilleraient

PAST
j'aurais accueilli
tu aurais accueilli
il aurait accueilli
nous aurions accueilli
vous auriez accueilli
ils auraient accueilli

IMPERATIVE

accueille
accueillons
accueillez

SUBJUNCTIVE

PRESENT
j'accueille
tu accueilles
il accueille
nous accueillions
vous accueilliez
ils accueillent

IMPERFECT
j'accueillisse
tu accueillisses
il accueillît
nous accueillissions
vous accueillissiez
ils accueillissent

PERFECT
j'aie accueilli
tu aies accueilli
il ait accueilli
nous ayons accueilli
vous ayez accueilli
ils aient accueilli

INFINITIVE

PRESENT
accueillir

PAST
avoir accueilli

PARTICIPLE

PRESENT
accueillant

PAST
accueilli

ACHETER

3 *to buy*

PRESENT	IMPERFECT	FUTURE
j'achète	j'achetais	j'achèterai
tu achètes	tu achetais	tu achèteras
il achète	il achetait	il achètera
nous achetons	nous achetions	nous achèterons
vous achetez	vous achetiez	vous achèterez
ils achètent	ils achetaient	ils achèteront

PAST HISTORIC	PERFECT	PLUPERFECT
j'achetai	j'ai acheté	j'avais acheté
tu achetas	tu as acheté	tu avais acheté
il acheta	il a acheté	il avait acheté
nous achetâmes	nous avons acheté	nous avions acheté
vous achetâtes	vous avez acheté	vous aviez acheté
ils achetèrent	ils ont acheté	ils avaient acheté

PAST ANTERIOR	FUTURE PERFECT
j'eus acheté *etc*	j'aurai acheté *etc*

CONDITIONAL

PRESENT	PAST
j'achèterais	j'aurais acheté
tu achèterais	tu aurais acheté
il achèterait	il aurait acheté
nous achèterions	nous aurions acheté
vous achèteriez	vous auriez acheté
ils achèteraient	ils auraient acheté

IMPERATIVE

achète
achetons
achetez

SUBJUNCTIVE

PRESENT	IMPERFECT	PERFECT
j'achète	j'achetasse	j'aie acheté
tu achètes	tu achetasses	tu aies acheté
il achète	il achetât	il ait acheté
nous achetions	nous achetassions	nous ayons acheté
vous achetiez	vous achetassiez	vous ayez acheté
ils achètent	ils achetassent	ils aient acheté

INFINITIVE

PRESENT
acheter

PAST
avoir acheté

PARTICIPLE

PRESENT
achetant

PAST
acheté

PRESENT
j'acquiers
tu acquiers
il acquiert
nous acquérons
vous acquérez
ils acquièrent

IMPERFECT
j'acquérais
tu acquérais
il acquérait
nous acquérions
vous acquériez
ils acquéraient

FUTURE
j'acquerrai
tu acquerras
il acquerra
nous acquerrons
vous acquerrez
ils acquerront

PAST HISTORIC
j'acquis
tu acquis
il acquit
nous acquîmes
vous acquîtes
ils acquirent

PERFECT
j'ai acquis
tu as acquis
il a acquis
nous avons acquis
vous avez acquis
ils ont acquis

PLUPERFECT
j'avais acquis
tu avais acquis
il avait acquis
nous avions acquis
vous aviez acquis
ils avaient acquis

PAST ANTERIOR
j'eus acquis *etc*

FUTURE PERFECT
j'aurai acquis *etc*

CONDITIONAL

PRESENT
j'acquerrais
tu acquerrais
il acquerrait
nous acquerrions
vous acquerriez
ils acquerraient

PAST
j'aurais acquis
tu aurais acquis
il aurait acquis
nous aurions acquis
vous auriez acquis
ils auraient acquis

IMPERATIVE

acquiers
acquérons
acquérez

SUBJUNCTIVE

PRESENT
j'acquière
tu acquières
il acquière
nous acquérions
vous acquériez
ils acquièrent

IMPERFECT
j'acquisse
tu acquisses
il acquît
nous acquissions
vous acquissiez
ils acquissent

PERFECT
j'aie acquis
tu aies acquis
il ait acquis
nous ayons acquis
vous ayez acquis
ils aient acquis

INFINITIVE

PRESENT
acquérir

PAST
avoir acquis

PARTICIPLE

PRESENT
acquérant

PAST
acquis

ADVENIR
5 *to happen*

PRESENT	**IMPERFECT**	**FUTURE**
il advient	il advenait	il adviendra
ils adviennent	ils advenaient	ils adviendront

PAST HISTORIC	**PERFECT**	**PLUPERFECT**
il advint	il est advenu	il était advenu
ils advinrent	ils sont advenus	ils étaient advenus

PAST ANTERIOR	**FUTURE PERFECT**	
il fut advenu	il sera advenu	
ils furent advenus	ils seront advenus	

CONDITIONAL

IMPERATIVE

PRESENT	**PAST**
il adviendrait	il serait advenu
ils adviendraient	ils seraient advenus

SUBJUNCTIVE

PRESENT	**IMPERFECT**	**PERFECT**
il advienne	il advînt	il soit advenu
ils adviennent	ils advinssent	ils soient advenus

INFINITIVE

PARTICIPLE

PRESENT	**PRESENT**
advenir	

PAST	**PAST**
être advenu	advenu

PRESENT	IMPERFECT	FUTURE
j'affaiblis	j'affaiblissais	j'affaiblirai
tu affaiblis	tu affaiblissais	tu affaibliras
il affaiblit	il affaiblissait	il affaiblira
nous affaiblissons	nous affaiblissions	nous affaiblirons
vous affaiblissez	vous affaiblissiez	vous affaiblirez
ils affaiblissent	ils affaiblissaient	ils affaibliront

PAST HISTORIC	PERFECT	PLUPERFECT
j'affaiblis	j'ai affaibli	j'avais affaibli
tu affaiblis	tu as affaibli	tu avais affaibli
il affaiblit	il a affaibli	il avait affaibli
nous affaiblîmes	nous avons affaibli	nous avions affaibli
vous affaiblîtes	vous avez affaibli	vous aviez affaibli
ils affaiblirent	ils ont affaibli	ils avaient affaibli

PAST ANTERIOR	FUTURE PERFECT
j'eus affaibli *etc*	j'aurai affaibli *etc*

CONDITIONAL

IMPERATIVE

PRESENT	PAST	
j'affaiblirais	j'aurais affaibli	affaiblis
tu affaiblirais	tu aurais affaibli	affaiblissons
il affaiblirait	il aurait affaibli	affaiblissez
nous affaiblirions	nous aurions affaibli	
vous affaibliriez	vous auriez affaibli	
ils affaibliraient	ils auraient affaibli	

SUBJUNCTIVE

PRESENT	IMPERFECT	PERFECT
j'affaiblisse	j'affaiblisse	j'aie affaibli
tu affaiblisses	tu affaiblisses	tu aies affaibli
il affaiblisse	il affaiblît	il ait affaibli
nous affaiblissions	nous affaiblissions	nous ayons affaibli
vous affaiblissiez	vous affaiblissiez	vous ayez affaibli
ils affaiblissent	ils affaiblissent	ils aient affaibli

INFINITIVE

PARTICIPLE

PRESENT	PRESENT
affaiblir	affaiblissant

PAST	PAST
avoir affaibli	affaibli

PRESENT	IMPERFECT	FUTURE
j'agis	j'agissais	j'agirai
tu agis	tu agissais	tu agiras
il agit	il agissait	il agira
nous agissons	nous agissions	nous agirons
vous agissez	vous agissiez	vous agirez
ils agissent	ils agissaient	ils agiront

PAST HISTORIC	PERFECT	PLUPERFECT
j'agis	j'ai agi	j'avais agi
tu agis	tu as agi	tu avais agi
il agit	il a agi	il avait agi
nous agîmes	nous avons agi	nous avions agi
vous agîtes	vous avez agi	vous aviez agi
ils agirent	ils ont agi	ils avaient agi

PAST ANTERIOR	FUTURE PERFECT	
j'eus agi *etc*	j'aurai agi *etc*	

CONDITIONAL

IMPERATIVE

PRESENT	PAST	
j'agirais	j'aurais agi	agis
tu agirais	tu aurais agi	agissons
il agirait	il aurait agi	agissez
nous agirions	nous aurions agi	
vous agiriez	vous auriez agi	
ils agiraient	ils auraient agi	

SUBJUNCTIVE

PRESENT	IMPERFECT	PERFECT
j'agisse	j'agisse	j'aie agi
tu agisses	tu agisses	tu aies agi
il agisse	il agît	il ait agi
nous agissions	nous agissions	nous ayons agi
vous agissiez	vous agissiez	vous ayez agi
ils agissent	ils agissent	ils aient agi

INFINITIVE

PARTICIPLE

PRESENT	PRESENT
agir	agissant

PAST	PAST
avoir agi	agi

PRESENT	IMPERFECT	FUTURE
j'aime	j'aimais	j'aimerai
tu aimes	tu aimais	tu aimeras
il aime	il aimait	il aimera
nous aimons	nous aimions	nous aimerons
vous aimez	vous aimiez	vous aimerez
ils aiment	ils aimaient	ils aimeront

PAST HISTORIC	PERFECT	PLUPERFECT
j'aimai	j'ai aimé	j'avais aimé
tu aimas	tu as aimé	tu avais aimé
il aima	il a aimé	il avait aimé
nous aimâmes	nous avons aimé	nous avions aimé
vous aimâtes	vous avez aimé	vous aviez aimé
ils aimèrent	ils ont aimé	ils avaient aimé

PAST ANTERIOR	FUTURE PERFECT
j'eus aimé *etc*	j'aurai aimé *etc*

CONDITIONAL

IMPERATIVE

PRESENT	PAST	
j'aimerais	j'aurais aimé	aime
tu aimerais	tu aurais aimé	aimons
il aimerait	il aurait aimé	aimez
nous aimerions	nous aurions aimé	
vous aimeriez	vous auriez aimé	
ils aimeraient	ils auraient aimé	

SUBJUNCTIVE

PRESENT	IMPERFECT	PERFECT
j'aime	j'aimasse	j'aie aimé
tu aimes	tu aimasses	tu aies aimé
il aime	il aimât	il ait aimé
nous aimions	nous aimassions	nous ayons aimé
vous aimiez	vous aimassiez	vous ayez aimé
ils aiment	ils aimassent	ils aient aimé

INFINITIVE

PARTICIPLE

PRESENT	PRESENT
aimer	aimant

PAST	PAST
avoir aimé	aimé

PRESENT	IMPERFECT	FUTURE
je vais	j'allais	j'irai
tu vas	tu allais	tu iras
il va	il allait	il ira
nous allons	nous allions	nous irons
vous allez	vous alliez	vous irez
ils vont	ils allaient	ils iront

PAST HISTORIC	PERFECT	PLUPERFECT
j'allai	je suis allé	j'étais allé
tu allas	tu es allé	tu étais allé
il alla	il est allé	il était allé
nous allâmes	nous sommes allés	nous étions allés
vous allâtes	vous êtes allé(s)	vous étiez allé(s)
ils allèrent	ils sont allés	ils étaient allés

PAST ANTERIOR	FUTURE PERFECT
je fus allé *etc*	je serai allé *etc*

CONDITIONAL

IMPERATIVE

PRESENT	PAST	
j'irais	je serais allé	va
tu irais	tu serais allé	allons
il irait	il serait allé	allez
nous irions	nous serions allés	
vous iriez	vous seriez allé(s)	
ils iraient	ils seraient allés	

SUBJUNCTIVE

PRESENT	IMPERFECT	PERFECT
j'aille	j'allasse	je sois allé
tu ailles	tu allasses	tu sois allé
il aille	il allât	il soit allé
nous allions	nous allassions	nous soyons allés
vous alliez	vous allassiez	vous soyez allé(s)
ils aillent	ils allassent	ils soient allés

INFINITIVE

PARTICIPLE

PRESENT	PRESENT
aller	allant

PAST	PAST
être allé	allé

PRESENT
je m'en vais
tu t'en vas
il s'en va
nous nous en allons
vous vous en allez
ils s'en vont

IMPERFECT
je m'en allais
tu t'en allais
il s'en allait
nous nous en allions
vous vous en alliez
ils s'en allaient

FUTURE
je m'en irai
tu t'en iras
il s'en ira
nous nous en irons
vous vous en irez
ils s'en iront

PAST HISTORIC
je m'en allai
tu t'en allas
il s'en alla
nous nous en allâmes
vous vous en allâtes
ils s'en allèrent

PERFECT
je m'en suis allé
tu t'en es allé
il s'en est allé
nous ns. en sommes allés
vous vs. en êtes allé(s)
ils s'en sont allés

PLUPERFECT
je m'en étais allé
tu t'en étais allé
il s'en était allé
nous ns. en étions allés
vous vs. en étiez allé(s)
ils s'en étaient allés

PAST ANTERIOR
je m'en fus allé *etc*

FUTURE PERFECT
je m'en serai allé *etc*

CONDITIONAL

PRESENT
je m'en irais
tu t'en irais
il s'en irait
nous nous en irions
vous vous en iriez
ils s'en iraient

PAST
je m'en serais allé
tu t'en serais allé
il s'en serait allé
nous nous en serions allés
vous vous en seriez allé(s)
Ils s'en seraient allés

IMPERATIVE

va-t'en
allons-nous-en
allez-vous-en

SUBJUNCTIVE

PRESENT
je m'en aille
tu t'en ailles
il s'en aille
nous nous en allions
vous vous en alliez
ils s'en aillent

IMPERFECT
je m'en allasse
tu t'en allasses
il s'en allât
nous nous en allassions
vous vous en allassiez
ils s'en allassent

PERFECT
je m'en sois allé
tu t'en sois allé
il s'en soit allé
nous nous en soyons allés
vous vous en soyez allé(s)
ils s'en soient allés

INFINITIVE

PRESENT
s'en aller

PAST
s'en être allé

PARTICIPLE

PRESENT
s'en allant

PAST
en allé

ANNONCER

11 *to announce*

PRESENT	IMPERFECT	FUTURE
j'annonce	j'annonçais	j'annoncerai
tu annonces	tu annonçais	tu annonceras
il annonce	il annonçait	il annoncera
nous annonçons	nous annoncions	nous annoncerons
vous annoncez	vous annonciez	vous annoncerez
ils annoncent	ils annonçaient	ils annonceront

PAST HISTORIC	PERFECT	PLUPERFECT
j'annonçai	j'ai annoncé	j'avais annoncé
tu annonças	tu as annoncé	tu avais annoncé
il annonça	il a annoncé	il avait annoncé
nous annonçâmes	nous avons annoncé	nous avions annoncé
vous annonçâtes	vous avez annoncé	vous aviez annoncé
ils annoncèrent	ils ont annoncé	ils avaient annoncé

PAST ANTERIOR	FUTURE PERFECT
j'eus annoncé *etc*	j'aurai annoncé *etc*

CONDITIONAL

PRESENT	PAST
j'annoncerais	j'aurais annoncé
tu annoncerais	tu aurais annoncé
il annoncerait	il aurait annoncé
nous annoncerions	nous aurions annoncé
vous annonceriez	vous auriez annoncé
ils annonceraient	ils auraient annoncé

IMPERATIVE

annonce
annonçons
annoncez

SUBJUNCTIVE

PRESENT	IMPERFECT	PERFECT
j'annonce	j'annonçasse	j'aie annoncé
tu annonces	tu annonçasses	tu aies annoncé
il annonce	il annonçât	il ait annoncé
nous annoncions	nous annonçassions	nous ayons annoncé
vous annonciez	vous annonçassiez	vous ayez annoncé
ils annoncent	ils annonçassent	ils aient annoncé

INFINITIVE

PRESENT
annoncer

PAST
avoir annoncé

PARTICIPLE

PRESENT
annonçant

PAST
annoncé

PRESENT
j'aperçois
tu aperçois
il aperçoit
nous apercevons
vous apercevez
ils aperçoivent

PAST HISTORIC
j'aperçus
tu aperçus
il aperçut
nous aperçûmes
vous aperçûtes
ils aperçurent

PAST ANTERIOR
j'eus aperçu *etc*

IMPERFECT
j'apercevais
tu apercevais
il apercevait
nous apercevions
vous aperceviez
ils apercevaient

PERFECT
j'ai aperçu
tu as aperçu
il a aperçu
nous avons aperçu
vous avez aperçu
ils ont aperçu

FUTURE PERFECT
j'aurai aperçu *etc*

FUTURE
j'apercevrai
tu apercevras
il apercevra
nous apercevrons
vous apercevrez
ils apercevront

PLUPERFECT
j'avais aperçu
tu avais aperçu
il avait aperçu
nous avions aperçu
vous aviez aperçu
ils avaient aperçu

CONDITIONAL

PRESENT
j'apercevrais
tu apercevrais
il apercevrait
nous apercevrions
vous apercevriez
ils apercevraient

PAST
j'aurais aperçu
tu aurais aperçu
il aurait aperçu
nous aurions aperçu
vous auriez aperçu
ils auraient aperçu

IMPERATIVE

aperçois
apercevons
apercevez

SUBJUNCTIVE

PRESENT
j'aperçoive
tu aperçoives
il aperçoive
nous apercevions
vous aperceviez
ils aperçoivent

IMPERFECT
j'aperçusse
tu aperçusses
il aperçût
nous aperçussions
vous aperçussiez
ils aperçussent

PERFECT
j'aie aperçu
tu aies aperçu
il ait aperçu
nous ayons aperçu
vous ayez aperçu
ils aient aperçu

INFINITIVE

PRESENT
apercevoir

PAST
avoir aperçu

PARTICIPLE

PRESENT
apercevant

PAST
aperçu

APPARTENIR

13 *to belong*

PRESENT	IMPERFECT	FUTURE
j'appartiens	j'appartenais	j'appartiendrai
tu appartiens	tu appartenais	tu appartiendras
il appartient	il appartenait	il appartiendra
nous appartenons	nous appartenions	nous appartiendrons
vous appartenez	vous apparteniez	vous appartiendrez
ils appartiennent	ils appartenaient	ils appartiendront

PAST HISTORIC	PERFECT	PLUPERFECT
j'appartins	j'ai appartenu	j'avais appartenu
tu appartins	tu as appartenu	tu avais appartenu
il appartint	il a appartenu	il avait appartenu
nous appartînmes	nous avons appartenu	nous avions appartenu
vous appartîntes	vous avez appartenu	vous aviez appartenu
ils appartinrent	ils ont appartenu	ils avaient appartenu

PAST ANTERIOR	FUTURE PERFECT
j'eus appartenu *etc*	j'aurai appartenu *etc*

CONDITIONAL

PRESENT	PAST
j'appartiendrais	j'aurais appartenu
tu appartiendrais	tu aurais appartenu
il appartiendrait	il aurait appartenu
nous appartiendrions	nous aurions appartenu
vous appartiendriez	vous auriez appartenu
ils appartiendraient	ils auraient appartenu

IMPERATIVE

appartiens
appartenons
appartenez

SUBJUNCTIVE

PRESENT	IMPERFECT	PERFECT
j'appartienne	j'appartinsse	j'aie appartenu
tu appartiennes	tu appartinsses	tu aies appartenu
il appartienne	il appartînt	il ait appartenu
nous appartenions	nous appartinssions	nous ayons appartenu
vous apparteniez	vous appartinssiez	vous ayez appartenu
ils appartiennent	ils appartinssent	ils aient appartenu

INFINITIVE

PRESENT
appartenir

PAST
avoir appartenu

PARTICIPLE

PRESENT
appartenant

PAST
appartenu

PRESENT
j'appelle
tu appelles
il appelle
nous appelons
vous appelez
ils appellent

IMPERFECT
j'appelais
tu appelais
il appelait
nous appelions
vous appeliez
ils appelaient

FUTURE
j'appellerai
tu appelleras
il appellera
nous appellerons
vous appellerez
ils appelleront

PAST HISTORIC
j'appelai
tu appelas
il appela
nous appelâmes
vous appelâtes
ils appelèrent

PERFECT
j'ai appelé
tu as appelé
il a appelé
nous avons appelé
vous avez appelé
ils ont appelé

PLUPERFECT
j'avais appelé
tu avais appelé
il avait appelé
nous avions appelé
vous aviez appelé
ils avaient appelé

PAST ANTERIOR
j'eus appelé *etc*

FUTURE PERFECT
j'aurai appelé *etc*

CONDITIONAL

IMPERATIVE

PRESENT
j'appellerais
tu appellerais
il appellerait
nous appellerions
vous appelleriez
ils appelleraient

PAST
j'aurais appelé
tu aurais appelé
il aurait appelé
nous aurions appelé
vous auriez appelé
ils auraient appelé

appelle
appelons
appelez

SUBJUNCTIVE

PRESENT
j'appelle
tu appelles
il appelle
nous appelions
vous appeliez
ils appellent

IMPERFECT
j'appelasse
tu appelasses
il appelât
nous appelassions
vous appelassiez
ils appelassent

PERFECT
j'aie appelé
tu aies appelé
il ait appelé
nous ayons appelé
vous ayez appelé
ils aient appelé

INFINITIVE

PARTICIPLE

PRESENT
appeler

PRESENT
appelant

PAST
avoir appelé

PAST
appelé

APPRÉCIER
15   *to appreciate*

PRESENT	IMPERFECT	FUTURE
j'apprécie	j'appréciais	j'apprécierai
tu apprécies	tu appréciais	tu apprécieras
il apprécie	il appréciait	il appréciera
nous apprécions	nous appréciions	nous apprécierons
vous appréciez	vous appréciiez	vous apprécierez
ils apprécient	ils appréciaient	ils apprécieront

PAST HISTORIC	PERFECT	PLUPERFECT
j'appréciai	j'ai apprécié	j'avais apprécié
tu apprécias	tu as apprécié	tu avais apprécié
il apprécia	il a apprécié	il avait apprécié
nous appréciâmes	nous avons apprécié	nous avions apprécié
vous appréciâtes	vous avez apprécié	vous aviez apprécié
ils apprécièrent	ils ont apprécié	ils avaient apprécié

PAST ANTERIOR	FUTURE PERFECT	
j'eus apprécié *etc*	j'aurai apprécié *etc*	

CONDITIONAL   IMPERATIVE

PRESENT	PAST	IMPERATIVE
j'apprécierais	j'aurais apprécié	
tu apprécierais	tu aurais apprécié	apprécie
il apprécierait	il aurait apprécié	apprécions
nous apprécierions	nous aurions apprécié	appréciez
vous apprécieriez	vous auriez apprécié	
ils apprécieraient	ils auraient apprécié	

SUBJUNCTIVE

PRESENT	IMPERFECT	PERFECT
j'apprécie	j'appréciasse	j'aie apprécié
tu apprécies	tu appréciasses	tu aies apprécié
il apprécie	il appréciât	il ait apprécié
nous appréciions	nous appréciassions	nous ayons apprécié
vous appréciiez	vous appréciassiez	vous ayez apprécié
ils apprécient	ils appréciassent	ils aient apprécié

INFINITIVE   PARTICIPLE

PRESENT	PRESENT
apprécier	appréciant

PAST	PAST
avoir apprécié	apprécié

PRESENT	**IMPERFECT**	**FUTURE**
j'apprends	j'apprenais	j'apprendrai
tu apprends	tu apprenais	tu apprendras
il apprend	il apprenait	il apprendra
nous apprenons	nous apprenions	nous apprendrons
vous apprenez	vous appreniez	vous apprendrez
ils apprennent	ils apprenaient	ils apprendront

PAST HISTORIC	**PERFECT**	**PLUPERFECT**
j'appris	j'ai appris	j'avais appris
tu appris	tu as appris	tu avais appris
il apprit	il a appris	il avait appris
nous apprîmes	nous avons appris	nous avions appris
vous apprîtes	vous avez appris	vous aviez appris
ils apprirent	ils ont appris	ils avaient appris

PAST ANTERIOR	**FUTURE PERFECT**
j'eus appris *etc*	j'aurai appris *etc*

CONDITIONAL   IMPERATIVE

PRESENT	**PAST**	
j'apprendrais	j'aurais appris	apprends
tu apprendrais	tu aurais appris	apprenons
il apprendrait	il aurait appris	apprenez
nous apprendrions	nous aurions appris	
vous apprendriez	vous auriez appris	
ils apprendraient	ils auraient appris	

SUBJUNCTIVE

PRESENT	**IMPERFECT**	**PERFECT**
j'apprenne	j'apprisse	j'aie appris
tu apprennes	tu apprisses	tu aies appris
il apprenne	il apprît	il ait appris
nous apprenions	nous apprissions	nous ayons appris
vous appreniez	vous apprissiez	vous ayez appris
ils apprennent	ils apprissent	ils aient appris

INFINITIVE   PARTICIPLE

PRESENT	**PRESENT**
apprendre	apprenant
PAST	**PAST**
avoir appris	appris

APPUYER
17 *to push; to lean*

PRESENT	IMPERFECT	FUTURE
j'appuie	j'appuyais	j'appuierai
tu appuies	tu appuyais	tu appuieras
il appuie	il appuyait	il appuiera
nous appuyons	nous appuyions	nous appuierons
vous appuyez	vous appuyiez	vous appuierez
ils appuient	ils appuyaient	ils appuieront

PAST HISTORIC	PERFECT	PLUPERFECT
j'appuyai	j'ai appuyé	j'avais appuyé
tu appuyas	tu as appuyé	tu avais appuyé
il appuya	il a appuyé	il avait appuyé
nous appuyâmes	nous avons appuyé	nous avions appuyé
vous appuyâtes	vous avez appuyé	vous aviez appuyé
ils appuyèrent	ils ont appuyé	ils avaient appuyé

PAST ANTERIOR	FUTURE PERFECT
j'eus appuyé *etc*	j'aurai appuyé *etc*

CONDITIONAL

IMPERATIVE

PRESENT	PAST	
j'appuierais	j'aurais appuyé	appuie
tu appuierais	tu aurais appuyé	appuyons
il appuierait	il aurait appuyé	appuyez
nous appuierions	nous aurions appuyé	
vous appuieriez	vous auriez appuyé	
ils appuieraient	ils auraient appuyé	

SUBJUNCTIVE

PRESENT	IMPERFECT	PERFECT
j'appuie	j'appuyasse	j'aie appuyé
tu appuies	tu appuyasses	tu aies appuyé
il appuie	il appuyât	il ait appuyé
nous appuyions	nous appuyassions	nous ayons appuyé
vous appuyiez	vous appuyassiez	vous ayez appuyé
ils appuient	ils appuyassent	ils aient appuyé

INFINITIVE

PARTICIPLE

PRESENT	PRESENT
appuyer	appuyant

PAST	PAST
avoir appuyé	appuyé

PRESENT	**IMPERFECT**	**FUTURE**
j'argue	j'arguais	j'arguerai
tu argues	tu arguais	tu argueras
il argue	il arguait	il arguera
nous arguons	nous arguions	nous arguerons
vous arguez	vous arguiez	vous arguerez
ils arguent	ils arguaient	ils argueront

PAST HISTORIC	**PERFECT**	**PLUPERFECT**
j'arguai	j'ai argué	j'avais argué
tu arguas	tu as argué	tu avais argué
il argua	il a argué	il avait argué
nous arguâmes	nous avons argué	nous avions argué
vous arguâtes	vous avez argué	vous aviez argué
ils arguèrent	ils ont argué	ils avaient argué

PAST ANTERIOR	**FUTURE PERFECT**	
j'eus argué *etc*	j'aurai argué *etc*	

CONDITIONAL

PRESENT	**PAST**
j'arguerais	j'aurais argué
tu arguerais	tu aurais argué
il arguerait	il aurait argué
nous arguerions	nous aurions argué
vous argueriez	vous auriez argué
ils argueraient	ils auraient argué

IMPERATIVE

argue
arguons
arguez

SUBJUNCTIVE

PRESENT	**IMPERFECT**	**PERFECT**
j'argue	j'arguasse	j'aie argué
tu argues	tu arguasses	tu aies argué
il argue	il arguât	il ait argué
nous arguions	nous arguassions	nous ayons argué
vous arguiez	vous arguassiez	vous ayez argué
ils arguent	ils arguassent	ils aient argué

INFINITIVE

PRESENT	
arguer	

PAST	
avoir argué	

PARTICIPLE

PRESENT
arguant

PAST
argué

ARRIVER
19   *to arrive; to happen*

PRESENT	**IMPERFECT**	**FUTURE**
j'arrive	j'arrivais	j'arriverai
tu arrives	tu arrivais	tu arriveras
il arrive	il arrivait	il arrivera
nous arrivons	nous arrivions	nous arriverons
vous arrivez	vous arriviez	vous arriverez
ils arrivent	ils arrivaient	ils arriveront

PAST HISTORIC	**PERFECT**	**PLUPERFECT**
j'arrivai	je suis arrivé	j'étais arrivé
tu arrivas	tu es arrivé	tu étais arrivé
il arriva	il est arrivé	il était arrivé
nous arrivâmes	nous sommes arrivés	nous étions arrivés
vous arrivâtes	vous êtes arrivé(s)	vous étiez arrivé(s)
ils arrivèrent	ils sont arrivés	ils étaient arrivés

PAST ANTERIOR	**FUTURE PERFECT**	
je fus arrivé *etc*	je serai arrivé *etc*	

CONDITIONAL

PRESENT	**PAST**
j'arriverais	je serais arrivé
tu arriverais	tu serais arrivé
il arriverait	il serait arrivé
nous arriverions	nous serions arrivés
vous arriveriez	vous seriez arrivé(s)
ils arriveraient	ils seraient arrivés

IMPERATIVE

arrive
arrivons
arrivez

SUBJUNCTIVE

PRESENT	**IMPERFECT**	**PERFECT**
j'arrive	j'arrivasse	je sois arrivé
tu arrives	tu arrivasses	tu sois arrivé
il arrive	il arrivât	il soit arrivé
nous arrivions	nous arrivassions	nous soyons arrivés
vous arriviez	vous arrivassiez	vous soyez arrivé(s)
ils arrivent	ils arrivassent	ils soient arrivés

INFINITIVE   PARTICIPLE

PRESENT	**PRESENT**
arriver	arrivant

PAST	**PAST**
être arrivé	arrivé

PRESENT
j'assaille
tu assailles
il assaille
nous assaillons
vous assaillez
ils assaillent

IMPERFECT
j'assaillais
tu assaillais
il assaillait
nous assaillions
vous assailliez
ils assaillaient

FUTURE
j'assaillirai
tu assailliras
il assaillira
nous assaillirons
vous assaillirez
ils assailliront

PAST HISTORIC
j'assaillis
tu assaillis
il assaillit
nous assaillîmes
vous assaillîtes
ils assaillirent

PERFECT
j'ai assailli
tu as assailli
il a assailli
nous avons assailli
vous avez assailli
ils ont assailli

PLUPERFECT
j'avais assailli
tu avais assailli
il avait assailli
nous avions assailli
vous aviez assailli
ils avaient assailli

PAST ANTERIOR
j'eus assailli *etc*

FUTURE PERFECT
j'aurai assailli *etc*

CONDITIONAL

PRESENT
j'assaillirais
tu assaillirais
il assaillirait
nous assaillirions
vous assailliriez
ils assailliraient

PAST
j'aurais assailli
tu aurais assailli
il aurait assailli
nous aurions assailli
vous auriez assailli
ils auraient assailli

IMPERATIVE

assaille
assaillons
assaillez

SUBJUNCTIVE

PRESENT
j'assaille
tu assailles
il assaille
nous assaillions
vous assailliez
ils assaillent

IMPERFECT
j'assaillisse
tu assaillisses
il assaillît
nous assaillissions
vous assaillissiez
ils assaillissent

PERFECT
j'aie assailli
tu aies assailli
il ait assailli
nous ayons assailli
vous ayez assailli
ils aient assailli

INFINITIVE

PRESENT
assaillir

PAST
avoir assailli

PARTICIPLE

PRESENT
assaillant

PAST
assailli

S'ASSEOIR

PRESENT	IMPERFECT	FUTURE
je m'assieds/assois	je m'asseyais	je m'assiérai
tu t'assieds/assois	tu t'asseyais	tu t'assiéras
il s'assied/assoit	il s'asseyait	il s'assiéra
nous ns. asseyons/assoyons	nous nous asseyions	nous nous assiérons
vous vs. asseyez/assoyez	vous vous asseyiez	vous vous assiérez
ils s'asseyent/assoient	ils s'asseyaient	ils s'assiéront

PAST HISTORIC	PERFECT	PLUPERFECT
je m'assis	je me suis assis	je m'étais assis
tu t'assis	tu t'es assis	tu t'étais assis
il s'assit	il s'est assis	il s'était assis
nous nous assîmes	nous nous sommes assis	nous nous étions assis
vous vous assîtes	vous vous êtes assis	vous vous étiez assis
ils s'assirent	ils se sont assis	ils s'étaient assis

PAST ANTERIOR	FUTURE PERFECT
je me fus assis *etc*	je me serai assis *etc*

CONDITIONAL

PRESENT	PAST
je m'assiérais	je me serais assis
tu t'assiérais	tu te serais assis
il s'assiérait	il se serait assis
nous nous assiérions	nous nous serions assis
vous vous assiériez	vous vous seriez assis
ils s'assiéraient	ils se seraient assis

IMPERATIVE

assieds/assois-toi
asseyons/assoyons-nous
asseyez/assoyez-vous

SUBJUNCTIVE

PRESENT	IMPERFECT	PERFECT
je m'asseye	je m'assisse	je me sois assis
tu t'asseyes	tu t'assisses	tu te sois assis
il s'asseye	il s'assît	il se soit assis
nous nous asseyions	nous nous assissions	nous nous soyons assis
vous vous asseyiez	vous vous assissiez	vous vous soyez assis
ils s'asseyent	ils s'assissent	ils se soient assis

INFINITIVE

PRESENT
s'asseoir

PAST
s'être assis

PARTICIPLE

PRESENT
s'asseyant/s'assoyant

PAST
assis

NOTE

other (less common) alternative forms are: imperfect je m'assoyais *etc*; future je m'assoirai *etc* and present subjunctive je m'assoie *etc*

PRESENT
j'attends
tu attends
il attend
nous attendons
vous attendez
ils attendent

IMPERFECT
j'attendais
tu attendais
il attendait
nous attendions
vous attendiez
Ils attendaient

FUTURE
j'attendrai
tu attendras
il attendra
nous attendrons
vous attendrez
ils attendront

PAST HISTORIC
j'attendis
tu attendis
il attendit
nous attendîmes
vous attendîtes
ils attendirent

PERFECT
j'ai attendu
tu as attendu
il a attendu
nous avons attendu
vous avez attendu
ils ont attendu

PLUPERFECT
j'avais attendu
tu avais attendu
il avait attendu
nous avions attendu
vous aviez attendu
ils avaient attendu

PAST ANTERIOR
j'eus attendu *etc*

FUTURE PERFECT
j'aurai attendu *etc*

CONDITIONAL

PRESENT
j'attendrais
tu attendrais
il attendrait
nous attendrions
vous attendriez
ils attendraient

PAST
j'aurais attendu
tu aurais attendu
il aurait attendu
nous aurions attendu
vous auriez attendu
ils auraient attendu

IMPERATIVE

attends
attendons
attendez

SUBJUNCTIVE

PRESENT
j'attende
tu attendes
il attende
nous attendions
vous attendiez
ils attendent

IMPERFECT
j'attendisse
tu attendisses
il attendît
nous attendissions
vous attendissiez
ils attendissent

PERFECT
j'aie attendu
tu aies attendu
il ait attendu
nous ayons attendu
vous ayez attendu
ils aient attendu

INFINITIVE

PRESENT
attendre

PAST
avoir attendu

PARTICIPLE

PRESENT
attendant

PAST
attendu

PRESENT
j'avance
tu avances
il avance
nous avançons
vous avancez
ils avancent

IMPERFECT
j'avançais
tu avançais
il avançait
nous avancions
vous avanciez
ils avançaient

FUTURE
j'avancerai
tu avanceras
il avancera
nous avancerons
vous avancerez
ils avanceront

PAST HISTORIC
j'avançai
tu avanças
il avança
nous avançâmes
vous avançâtes
ils avancèrent

PERFECT
j'ai avancé
tu as avancé
il a avancé
nous avons avancé
vous avez avancé
ils ont avancé

PLUPERFECT
j'avais avancé
tu avais avancé
il avait avancé
nous avions avancé
vous aviez avancé
ils avaient avancé

PAST ANTERIOR
j'eus avancé *etc*

FUTURE PERFECT
j'aurai avancé *etc*

CONDITIONAL

IMPERATIVE

PRESENT
j'avancerais
tu avancerais
il avancerait
nous avancerions
vous avanceriez
ils avanceraient

PAST
j'aurais avancé
tu aurais avancé
il aurait avancé
nous aurions avancé
vous auriez avancé
ils auraient avancé

avance
avançons
avancez

SUBJUNCTIVE

PRESENT
j'avance
tu avances
il avance
nous avancions
vous avanciez
ils avancent

IMPERFECT
j'avançasse
tu avançasses
il avançât
nous avançassions
vous avançassiez
ils avançassent

PERFECT
j'aie avancé
tu aies avancé
il ait avancé
nous ayons avancé
vous ayez avancé
ils aient avancé

INFINITIVE

PARTICIPLE

PRESENT
avancer

PRESENT
avançant

PAST
avoir avancé

PAST
avancé

PRESENT	IMPERFECT	FUTURE
j'ai	j'avais	j'aurai
tu as	tu avais	tu auras
il a	il avait	il aura
nous avons	nous avions	nous aurons
vous avez	vous aviez	vous aurez
ils ont	ils avaient	ils auront

PAST HISTORIC	PERFECT	PLUPERFECT
j'eus	j'ai eu	j'avais eu
tu eus	tu as eu	tu avais eu
il eut	il a eu	il avait eu
nous eûmes	nous avons eu	nous avions eu
vous eûtes	vous avez eu	vous aviez eu
ils eurent	ils ont eu	ils avaient eu

PAST ANTERIOR	FUTURE PERFECT
j'eus eu *etc*	j'aurai eu *etc*

CONDITIONAL   IMPERATIVE

PRESENT	PAST	
j'aurais	j'aurais eu	aie
tu aurais	tu aurais eu	ayons
il aurait	il aurait eu	ayez
nous aurions	nous aurions eu	
vous auriez	vous auriez eu	
ils auraient	ils auraient eu	

SUBJUNCTIVE

PRESENT	IMPERFECT	PERFECT
j'aie	j'eusse	j'aie eu
tu aies	tu eusses	tu aies eu
il ait	il eût	il ait eu
nous ayons	nous eussions	nous ayons eu
vous ayez	vous eussiez	vous ayez eu
ils aient	ils eussent	ils aient eu

INFINITIVE   PARTICIPLE

PRESENT	PRESENT
avoir	ayant

PAST	PAST
avoir eu	eu

PRESENT	**IMPERFECT**	**FUTURE**
je bats	je battais	je battrai
tu bats	tu battais	tu battras
il bat	il battait	il battra
nous battons	nous battions	nous battrons
vous battez	vous battiez	vous battrez
ils battent	ils battaient	ils battront

PAST HISTORIC	**PERFECT**	**PLUPERFECT**
je battis	j'ai battu	j'avais battu
tu battis	tu as battu	tu avais battu
il battit	il a battu	il avait battu
nous battîmes	nous avons battu	nous avions battu
vous battîtes	vous avez battu	vous aviez battu
ils battirent	ils ont battu	ils avaient battu

PAST ANTERIOR	**FUTURE PERFECT**
j'eus battu *etc*	j'aurai battu *etc*

CONDITIONAL

		IMPERATIVE
PRESENT	**PAST**	
je battrais	j'aurais battu	bats
tu battrais	tu aurais battu	battons
il battrait	il aurait battu	battez
nous battrions	nous aurions battu	
vous battriez	vous auriez battu	
ils battraient	ils auraient battu	

SUBJUNCTIVE

PRESENT	**IMPERFECT**	**PERFECT**
je batte	je battisse	j'aie battu
tu battes	tu battisses	tu aies battu
il batte	il battît	il ait battu
nous battions	nous battissions	nous ayons battu
vous battiez	vous battissiez	vous ayez battu
ils battent	ils battissent	ils aient battu

INFINITIVE | PARTICIPLE

INFINITIVE	**PARTICIPLE**
PRESENT	**PRESENT**
battre	battant
PAST	**PAST**
avoir battu	battu

PRESENT	IMPERFECT	FUTURE
je bois	je buvais	je boirai
tu bois	tu buvais	tu boiras
il boit	il buvait	il boira
nous buvons	nous buvions	nous boirons
vous buvez	vous buviez	vous boirez
ils boivent	ils buvaient	ils boiront

PAST HISTORIC	PERFECT	PLUPERFECT
je bus	j'ai bu	j'avais bu
tu bus	tu as bu	tu avais bu
il but	il a bu	il avait bu
nous bûmes	nous avons bu	nous avions bu
vous bûtes	vous avez bu	vous aviez bu
ils burent	ils ont bu	ils avaient bu

PAST ANTERIOR	FUTURE PERFECT
j'eus bu *etc*	j'aurai bu *etc*

CONDITIONAL

IMPERATIVE

PRESENT	PAST	
je boirais	j'aurais bu	bois
tu boirais	tu aurais bu	buvons
il boirait	il aurait bu	buvez
nous boirions	nous aurions bu	
vous boiriez	vous auriez bu	
ils boiraient	ils auraient bu	

SUBJUNCTIVE

PRESENT	IMPERFECT	PERFECT
je boive	je busse	j'aie bu
tu boives	tu busses	tu aies bu
il boive	il bût	il ait bu
nous buvions	nous bussions	nous ayons bu
vous buviez	vous bussiez	vous ayez bu
ils boivent	ils bussent	ils aient bu

INFINITIVE

PARTICIPLE

PRESENT	PRESENT
boire	buvant

PAST	PAST
avoir bu	bu

PRESENT
je bous
tu bous
il bout
nous bouillons
vous bouillez
ils bouillent

IMPERFECT
je bouillais
tu bouillais
il bouillait
nous bouillions
vous bouilliez
ils bouillaient

FUTURE
je bouillirai
tu bouilliras
il bouillira
nous bouillirons
vous bouillirez
ils bouilliront

PAST HISTORIC
je bouillis
tu bouillis
il bouillit
nous bouillîmes
vous bouillîtes
ils bouillirent

PERFECT
j'ai bouilli
tu as bouilli
il a bouilli
nous avons bouilli
vous avez bouilli
ils ont bouilli

PLUPERFECT
j'avais bouilli
tu avais bouilli
il avait bouilli
nous avions bouilli
vous aviez bouilli
ils avaient bouilli

PAST ANTERIOR
j'eus bouilli *etc*

FUTURE PERFECT
j'aurai bouilli *etc*

CONDITIONAL

IMPERATIVE

PRESENT
je bouillirais
tu bouillirais
il bouillirait
nous bouillirions
vous bouilliriez
ils bouilliraient

PAST
j'aurais bouilli
tu aurais bouilli
il aurait bouilli
nous aurions bouilli
vous auriez bouilli
ils auraient bouilli

bous
bouillons
bouillez

SUBJUNCTIVE

PRESENT
je bouille
tu bouilles
il bouille
nous bouillions
vous bouilliez
ils bouillent

IMPERFECT
je bouillisse
tu bouillisses
il bouillît
nous bouillissions
vous bouillissiez
ils bouillissent

PERFECT
j'aie bouilli
tu aies bouilli
il ait bouilli
nous ayons bouilli
vous ayez bouilli
ils aient bouilli

INFINITIVE

PARTICIPLE

PRESENT
bouillir

PRESENT
bouillant

PAST
avoir bouilli

PAST
bouilli

PRESENT
je brille
tu brilles
il brille
nous brillons
vous brillez
ils brillent

IMPERFECT
je brillais
tu brillais
il brillait
nous brillions
vous brilliez
ils brillaient

FUTURE
je brillerai
tu brilleras
il brillera
nous brillerons
vous brillerez
ils brilleront

PAST HISTORIC
je brillai
tu brillas
il brilla
nous brillâmes
vous brillâtes
ils brillèrent

PERFECT
j'ai brillé
tu as brillé
il a brillé
nous avons brillé
vous avez brillé
ils ont brillé

PLUPERFECT
j'avais brillé
tu avais brillé
il avait brillé
nous avions brillé
vous aviez brillé
ils avaient brillé

PAST ANTERIOR
j'eus brillé *etc*

FUTURE PERFECT
j'aurai brillé *etc*

CONDITIONAL

PRESENT
je brillerais
tu brillerais
il brillerait
nous brillerions
vous brilleriez
ils brilleraient

PAST
j'aurais brillé
tu aurais brillé
il aurait brillé
nous aurions brillé
vous auriez brillé
ils auraient brillé

IMPERATIVE

brille
brillons
brillez

SUBJUNCTIVE

PRESENT
je brille
tu brilles
il brille
nous brillions
vous brilliez
ils brillent

IMPERFECT
je brillasse
tu brillasses
il brillât
nous brillassions
vous brillassiez
ils brillassent

PERFECT
j'aie brillé
tu aies brillé
il ait brillé
nous ayons brillé
vous ayez brillé
ils aient brillé

INFINITIVE

PRESENT
briller

PAST
avoir brillé

PARTICIPLE

PRESENT
brillant

PAST
brillé

CÉDER
29 *to give in*

PRESENT	IMPERFECT	FUTURE
je cède	je cédais	je céderai
tu cèdes	tu cédais	tu céderas
il cède	il cédait	il cédera
nous cédons	nous cédions	nous céderons
vous cédez	vous cédiez	vous céderez
ils cèdent	ils cédaient	ils céderont

PAST HISTORIC	PERFECT	PLUPERFECT
je cédai	j'ai cédé	j'avais cédé
tu cédas	tu as cédé	tu avais cédé
il céda	il a cédé	il avait cédé
nous cédâmes	nous avons cédé	nous avions cédé
vous cédâtes	vous avez cédé	vous aviez cédé
ils cédèrent	ils ont cédé	ils avaient cédé

PAST ANTERIOR	FUTURE PERFECT
j'eus cédé *etc*	j'aurai cédé *etc*

CONDITIONAL

IMPERATIVE

PRESENT	PAST	
je céderais	j'aurais cédé	cède
tu céderais	tu aurais cédé	cédons
il céderait	il aurait cédé	cédez
nous céderions	nous aurions cédé	
vous céderiez	vous auriez cédé	
ils céderaient	ils auraient cédé	

SUBJUNCTIVE

PRESENT	IMPERFECT	PERFECT
je cède	je cédasse	j'aie cédé
tu cèdes	tu cédasses	tu aies cédé
il cède	il cédât	il ait cédé
nous cédions	nous cédassions	nous ayons cédé
vous cédiez	vous cédassiez	vous ayez cédé
ils cèdent	ils cédassent	ils aient cédé

INFINITIVE

PARTICIPLE

NOTE

PRESENT	PRESENT	
céder	cédant	décéder takes the auxiliary **être**

PAST	PAST
avoir cédé	cédé

PRESENT	**IMPERFECT**	**FUTURE**
je célèbre	je célébrais	je célébrerai
tu célèbres	tu célébrais	tu célébreras
il célèbre	il célébrait	il célébrera
nous célébrons	nous célébrions	nous célébrerons
vous célébrez	vous célébriez	vous célébrerez
ils célèbrent	ils célébraient	ils célébreront

PAST HISTORIC	**PERFECT**	**PLUPERFECT**
je célébrai	j'ai célébré	j'avais célébré
tu célébras	tu as célébré	tu avais célébré
il célébra	il a célébré	il avait célébré
nous célébrâmes	nous avons célébré	nous avions célébré
vous célébrâtes	vous avez célébré	vous aviez célébré
ils célébrèrent	ils ont célébré	ils avaient célébré

PAST ANTERIOR	**FUTURE PERFECT**
j'eus célébré *etc*	j'aurai célébré *etc*

CONDITIONAL | IMPERATIVE

PRESENT	**PAST**	
je célébrerais	j'aurais célébré	célèbre
tu célébrerais	tu aurais célébré	célébrons
il célébrerait	il aurait célébré	célébrez
nous célébrerions	nous aurions célébré	
vous célébreriez	vous auriez célébré	
ils célébreraient	ils auraient célébré	

SUBJUNCTIVE

PRESENT	**IMPERFECT**	**PERFECT**
je célèbre	je célébrasse	j'aie célébré
tu célèbres	tu célébrasses	tu aies célébré
il célèbre	il célébrât	il ait célébré
nous célébrions	nous célébrassions	nous ayons célébré
vous célébriez	vous célébrassiez	vous ayez célébré
ils célèbrent	ils célébrassent	ils aient célébré

INFINITIVE | PARTICIPLE

PRESENT	**PRESENT**
célébrer	célébrant

PAST	**PAST**
avoir célébré	célébré

PRESENT
je chante
tu chantes
il chante
nous chantons
vous chantez
ils chantent

IMPERFECT
je chantais
tu chantais
il chantait
nous chantions
vous chantiez
ils chantaient

FUTURE
je chanterai
tu chanteras
il chantera
nous chanterons
vous chanterez
ils chanteront

PAST HISTORIC
je chantai
tu chantas
il chanta
nous chantâmes
vous chantâtes
ils chantèrent

PERFECT
j'ai chanté
tu as chanté
il a chanté
nous avons chanté
vous avez chanté
ils ont chanté

PLUPERFECT
j'avais chanté
tu avais chanté
il avait chanté
nous avions chanté
vous aviez chanté
ils avaient chanté

PAST ANTERIOR
j'eus chanté *etc*

FUTURE PERFECT
j'aurai chanté *etc*

CONDITIONAL

PRESENT
je chanterais
tu chanterais
il chanterait
nous chanterions
vous chanteriez
ils chanteraient

PAST
j'aurais chanté
tu aurais chanté
il aurait chanté
nous aurions chanté
vous auriez chanté
ils auraient chanté

IMPERATIVE

chante
chantons
chantez

SUBJUNCTIVE

PRESENT
je chante
tu chantes
il chante
nous chantions
vous chantiez
ils chantent

IMPERFECT
je chantasse
tu chantasses
il chantât
nous chantassions
vous chantassiez
ils chantassent

PERFECT
j'aie chanté
tu aies chanté
il ait chanté
nous ayons chanté
vous ayez chanté
ils aient chanté

INFINITIVE

PRESENT
chanter

PAST
avoir chanté

PARTICIPLE

PRESENT
chantant

PAST
chanté

NOTE

demeurer takes the auxiliary **être** when it means 'to remain'
ressusciter takes the auxiliary **être** when it is intransitive

PRESENT	IMPERFECT	FUTURE
je chois		
tu chois		
il choit		
ils choient		

PAST HISTORIC	PERFECT	PLUPERFECT
	je suis chu	j'étais chu
	tu es chu	tu étais chu
il chut	il est chu	il était chu
	nous sommes chus	nous étions chus
	vous êtes chu(s)	vous étiez chu(s)
	ils sont chus	ils étaient chus

PAST ANTERIOR	FUTURE PERFECT	
Il fut chu	il sera chu	

CONDITIONAL

PRESENT	PAST
	je serais chu
	tu serais chu
	il serait chu
	nous serions chus
	vous seriez chu(s)
	ils seraient chus

IMPERATIVE

SUBJUNCTIVE

PRESENT	IMPERFECT	PERFECT
		je sois chu
		tu sois chu
	il chût	il soit chu
		nous soyons chus
		vous soyez chu(s)
		ils soient chus

INFINITIVE

PRESENT	
choir	

PARTICIPLE

PRESENT	

PAST	PAST
être chu	chu

PRESENT	**IMPERFECT**	**FUTURE**
je clos		je clorai
tu clos		tu cloras
il clôt		il clora
		nous clorons
		vous clorez
ils closent		ils cloront

PAST HISTORIC	**PERFECT**	**PLUPERFECT**
	j'ai clos	j'avais clos
	tu as clos	tu avais clos
	il a clos	il avait clos
	nous avons clos	nous avions clos
	vous avez clos	vous aviez clos
	ils ont clos	ils avaient clos

PAST ANTERIOR	**FUTURE PERFECT**	
j'eus clos *etc*	j'aurai clos *etc*	

CONDITIONAL

PRESENT	**PAST**
je clorais	j'aurais clos
tu clorais	tu aurais clos
il clorait	il aurait clos
nous clorions	nous aurions clos
vous cloriez	vous auriez clos
ils cloraient	ils auraient clos

IMPERATIVE

clos

SUBJUNCTIVE

PRESENT	**IMPERFECT**	**PERFECT**
je close		j'aie clos
tu closes		tu aies clos
il close		il ait clos
nous closions		nous ayons clos
vous closiez		vous ayez clos
ils closent		ils aient clos

INFINITIVE | ## PARTICIPLE | ## NOTE

INFINITIVE	**PARTICIPLE**	**NOTE**
PRESENT	**PRESENT**	clore has no imperfect, past historic, imperfect subjunctive or present participle. The 'nous' and 'vous' forms of the present tense are not used.
clore		
PAST	**PAST**	
avoir clos	clos	

PRESENT
je commence
tu commences
il commence
nous commençons
vous commencez
ils commencent

IMPERFECT
je commençais
tu commençais
il commençait
nous commencions
vous commenciez
ils commençaient

FUTURE
je commencerai
tu commenceras
il commencera
nous commencerons
vous commencerez
ils commenceront

PAST HISTORIC
je commençai
tu commenças
il commença
nous commençâmes
vous commençâtes
ils commencèrent

PERFECT
j'ai commencé
tu as commencé
il a commencé
nous avons commencé
vous avez commencé
Ils ont commencé

PLUPERFECT
j'avais commencé
tu avais commencé
il avait commencé
nous avions commencé
vous aviez commencé
Ils avaient commencé

PAST ANTERIOR
j'eus commencé *etc*

FUTURE PERFECT
j'aurai commencé *etc*

CONDITIONAL

PRESENT
je commencerais
tu commencerais
il commencerait
nous commencerions
vous commenceriez
ils commenceraient

PAST
j'aurais commencé
tu aurais commencé
il aurait commencé
nous aurions commencé
vous auriez commencé
ils auraient commencé

IMPERATIVE

commence
commençons
commencez

SUBJUNCTIVE

PRESENT
je commence
tu commences
il commence
nous commencions
vous commenciez
ils commencent

IMPERFECT
je commençasse
tu commençasses
il commençât
nous commençassions
vous commençassiez
ils commençassent

PERFECT
j'aie commencé
tu aies commencé
il ait commencé
nous ayons commencé
vous ayez commencé
ils aient commencé

INFINITIVE

PRESENT
commencer

PAST
avoir commencé

PARTICIPLE

PRESENT
commençant

PAST
commencé

COMPLÉTER
35   to complete

PRESENT	**IMPERFECT**	**FUTURE**
je complète	je complétais	je compléterai
tu complètes	tu complétais	tu compléteras
il complète	il complétait	il complétera
nous complétons	nous complétions	nous compléterons
vous complétez	vous complétiez	vous compléterez
ils complètent	ils complétaient	ils compléteront

PAST HISTORIC	**PERFECT**	**PLUPERFECT**
je complétai	j'ai complété	j'avais complété
tu complétas	tu as complété	tu avais complété
il compléta	il a complété	il avait complété
nous complétâmes	nous avons complété	nous avions complété
vous complétâtes	vous avez complété	vous aviez complété
ils complétèrent	ils ont complété	ils avaient complété

PAST ANTERIOR	**FUTURE PERFECT**
j'eus complété *etc*	j'aurai complété *etc*

CONDITIONAL

PRESENT	**PAST**
je compléterais	j'aurais complété
tu compléterais	tu aurais complété
il compléterait	il aurait complété
nous compléterions	nous aurions complété
vous compléteriez	vous auriez complété
ils compléteraient	ils auraient complété

IMPERATIVE

complète
complétons
complétez

SUBJUNCTIVE

PRESENT	**IMPERFECT**	**PERFECT**
je complète	je complétasse	j'aie complété
tu complètes	tu complétasses	tu aies complété
il complète	il complétât	il ait complété
nous complétions	nous complétassions	nous ayons complété
vous complétiez	vous complétassiez	vous ayez complété
ils complètent	ils complétassent	ils aient complété

INFINITIVE

PRESENT
compléter

PAST
avoir complété

PARTICIPLE

PRESENT
complétant

PAST
complété

PRESENT
je comprends
tu comprends
il comprend
nous comprenons
vous comprenez
ils comprennent

IMPERFECT
je comprenais
tu comprenais
il comprenait
nous comprenions
vous compreniez
ils comprenaient

FUTURE
je comprendrai
tu comprendras
il comprendra
nous comprendrons
vous comprendrez
ils comprendront

PAST HISTORIC
je compris
tu compris
il comprit
nous comprîmes
vous comprîtes
Ils comprirent

PERFECT
j'ai compris
tu as compris
il a compris
nous avons compris
vous avez compris
ils ont compris

PLUPERFECT
j'avais compris
tu avais compris
il avait compris
nous avions compris
vous aviez compris
ils avaient compris

PAST ANTERIOR
j'eus compris *etc*

FUTURE PERFECT
j'aurai compris *etc*

CONDITIONAL

PRESENT
je comprendrais
tu comprendrais
il comprendrait
nous comprendrions
vous comprendriez
ils comprendraient

PAST
j'aurais compris
tu aurais compris
il aurait compris
nous aurions compris
vous auriez compris
ils auraient compris

IMPERATIVE

comprends
comprenons
comprenez

SUBJUNCTIVE

PRESENT
je comprenne
tu comprennes
il comprenne
nous comprenions
vous compreniez
ils comprennent

IMPERFECT
je comprisse
tu comprisses
il comprît
nous comprissions
vous comprissiez
ils comprissent

PERFECT
j'aie compris
tu aies compris
il ait compris
nous ayons compris
vous ayez compris
ils aient compris

INFINITIVE

PRESENT
comprendre

PAST
avoir compris

PARTICIPLE

PRESENT
comprenant

PAST
compris

CONCLURE

37 to conclude

PRESENT	IMPERFECT	FUTURE
je conclus	je concluais	je conclurai
tu conclus	tu concluais	tu concluras
il conclut	il concluait	il conclura
nous concluons	nous concluions	nous conclurons
vous concluez	vous concluiez	vous conclurez
ils concluent	ils concluaient	ils concluront

PAST HISTORIC	PERFECT	PLUPERFECT
je conclus	j'ai conclu	j'avais conclu
tu conclus	tu as conclu	tu avais conclu
il conclut	il a conclu	il avait conclu
nous conclûmes	nous avons conclu	nous avions conclu
vous conclûtes	vous avez conclu	vous aviez conclu
ils conclurent	ils ont conclu	ils avaient conclu

PAST ANTERIOR	FUTURE PERFECT
j'eus conclu *etc*	j'aurai conclu *etc*

CONDITIONAL

PRESENT	PAST
je conclurais	j'aurais conclu
tu conclurais	tu aurais conclu
il conclurait	il aurait conclu
nous conclurions	nous aurions conclu
vous concluriez	vous auriez conclu
ils concluraient	ils auraient conclu

IMPERATIVE

conclus
concluons
concluez

SUBJUNCTIVE

PRESENT	IMPERFECT	PERFECT
je conclue	je conclusse	j'aie conclu
tu conclues	tu conclusses	tu aies conclu
il conclue	il conclût	il ait conclu
nous concluions	nous conclussions	nous ayons conclu
vous concluiez	vous conclussiez	vous ayez conclu
ils concluent	ils conclussent	ils aient conclu

INFINITIVE

PRESENT
conclure

PAST
avoir conclu

PARTICIPLE

PRESENT
concluant

PAST
conclu

PRESENT	IMPERFECT	FUTURE
je conduis	je conduisais	je conduirai
tu conduis	tu conduisais	tu conduiras
il conduit	il conduisait	il conduira
nous conduisons	nous conduisions	nous conduirons
vous conduisez	vous conduisiez	vous conduirez
ils conduisent	ils conduisaient	ils conduiront

PAST HISTORIC	PERFECT	PLUPERFECT
je conduisis	j'ai conduit	j'avais conduit
tu conduisis	tu as conduit	tu avais conduit
il conduisit	il a conduit	il avait conduit
nous conduisîmes	nous avons conduit	nous avions conduit
vous conduisîtes	vous avez conduit	vous aviez conduit
ils conduisirent	Ils ont conduit	ils avaient conduit

PAST ANTERIOR	FUTURE PERFECT
j'eus conduit *etc*	j'aurai conduit *etc*

CONDITIONAL

PRESENT	PAST
je conduirais	j'aurais conduit
tu conduirais	tu aurais conduit
il conduirait	il aurait conduit
nous conduirions	nous aurions conduit
vous conduiriez	vous auriez conduit
ils conduiraient	ils auraient conduit

IMPERATIVE

conduis
conduisons
conduisez

SUBJUNCTIVE

PRESENT	IMPERFECT	PERFECT
je conduise	je conduisisse	j'aie conduit
tu conduises	tu conduisisses	tu aies conduit
il conduise	il conduisît	il ait conduit
nous conduisions	nous conduisissions	nous ayons conduit
vous conduisiez	vous conduisissiez	vous ayez conduit
ils conduisent	ils conduisissent	ils aient conduit

INFINITIVE

PRESENT
conduire

PAST
avoir conduit

PARTICIPLE

PRESENT
conduisant

PAST
conduit

CONFIRE
39 *to preserve*

PRESENT	IMPERFECT	FUTURE
je confis	je confisais	je confirai
tu confis	tu confisais	tu confiras
il confit	il confisait	il confira
nous confisons	nous confisions	nous confirons
vous confisez	vous confisiez	vous confirez
ils confisent	ils confisaient	ils confiront

PAST HISTORIC	PERFECT	PLUPERFECT
je confis	j'ai confit	j'avais confit
tu confis	tu as confit	tu avais confit
il confit	il a confit	il avait confit
nous confîmes	nous avons confit	nous avions confit
vous confîtes	vous avez confit	vous aviez confit
ils confirent	ils ont confit	ils avaient confit

PAST ANTERIOR	FUTURE PERFECT
j'eus confit *etc*	j'aurai confit *etc*

CONDITIONAL

PRESENT	PAST
je confirais	j'aurais confit
tu confirais	tu aurais confit
il confirait	il aurait confit
nous confirions	nous aurions confit
vous confiriez	vous auriez confit
ils confiraient	ils auraient confit

IMPERATIVE

confis
confisons
confisez

SUBJUNCTIVE

PRESENT	IMPERFECT	PERFECT
je confise	je confisse	j'aie confit
tu confises	tu confisses	tu aies confit
il confise	il confît	il ait confit
nous confisions	nous confissions	nous ayons confit
vous confisiez	vous confissiez	vous ayez confit
ils confisent	ils confissent	ils aient confit

INFINITIVE

PRESENT
confire

PAST
avoir confit

PARTICIPLE

PRESENT
confisant

PAST
confit

PRESENT	IMPERFECT	FUTURE
je connais	je connaissais	je connaîtrai
tu connais	tu connaissais	tu connaîtras
il connaît	il connaissait	il connaîtra
nous connaissons	nous connaissions	nous connaîtrons
vous connaissez	vous connaissiez	vous connaîtrez
ils connaissent	ils connaissaient	ils connaîtront

PAST HISTORIC	PERFECT	PLUPERFECT
je connus	j'ai connu	j'avais connu
tu connus	tu as connu	tu avais connu
il connut	il a connu	il avait connu
nous connûmes	nous avons connu	nous avions connu
vous connûtes	vous avez connu	vous aviez connu
Ils connurent	ils ont connu	Ils avaient connu

PAST ANTERIOR	FUTURE PERFECT
j'eus connu *etc*	j'aurai connu *etc*

CONDITIONAL

PRESENT	PAST	IMPERATIVE
je connaîtrais	j'aurais connu	connais
tu connaîtrais	tu aurais connu	connaissons
il connaîtrait	il aurait connu	connaissez
nous connaîtrions	nous aurions connu	
vous connaîtriez	vous auriez connu	
ils connaîtraient	ils auraient connu	

SUBJUNCTIVE

PRESENT	IMPERFECT	PERFECT
je connaisse	je connusse	j'aie connu
tu connaisses	tu connusses	tu aies connu
il connaisse	il connût	il ait connu
nous connaissions	nous connussions	nous ayons connu
vous connaissiez	vous connussiez	vous ayez connu
ils connaissent	ils connussent	ils aient connu

INFINITIVE

PRESENT	
connaître	

PAST	
avoir connu	

PARTICIPLE

PRESENT	
connaissant	

PAST	
connu	

CONSEILLER
41 *to advise*

PRESENT	IMPERFECT	FUTURE
je conseille	je conseillais	je conseillerai
tu conseilles	tu conseillais	tu conseilleras
il conseille	il conseillait	il conseillera
nous conseillons	nous conseillions	nous conseillerons
vous conseillez	vous conseilliez	vous conseillerez
ils conseillent	ils conseillaient	ils conseilleront

PAST HISTORIC	PERFECT	PLUPERFECT
je conseillai	j'ai conseillé	j'avais conseillé
tu conseillas	tu as conseillé	tu avais conseillé
il conseilla	il a conseillé	il avait conseillé
nous conseillâmes	nous avons conseillé	nous avions conseillé
vous conseillâtes	vous avez conseillé	vous aviez conseillé
ils conseillèrent	ils ont conseillé	ils avaient conseillé

PAST ANTERIOR	FUTURE PERFECT
j'eus conseillé *etc*	j'aurai conseillé *etc*

CONDITIONAL / IMPERATIVE

PRESENT	PAST	IMPERATIVE
je conseillerais	j'aurais conseillé	conseille
tu conseillerais	tu aurais conseillé	conseillons
il conseillerait	il aurait conseillé	conseillez
nous conseillerions	nous aurions conseillé	
vous conseilleriez	vous auriez conseillé	
ils conseilleraient	ils auraient conseillé	

SUBJUNCTIVE

PRESENT	IMPERFECT	PERFECT
je conseille	je conseillasse	j'aie conseillé
tu conseilles	tu conseillasses	tu aies conseillé
il conseille	il conseillât	il ait conseillé
nous conseillions	nous conseillassions	nous ayons conseillé
vous conseilliez	vous conseillassiez	vous ayez conseillé
ils conseillent	ils conseillassent	ils aient conseillé

INFINITIVE / PARTICIPLE

PRESENT	PRESENT
conseiller	conseillant

PAST	PAST
avoir conseillé	conseillé

PRESENT
je couds
tu couds
il coud
nous cousons
vous cousez
ils cousent

IMPERFECT
je cousais
tu cousais
il cousait
nous cousions
vous cousiez
ils cousaient

FUTURE
je coudrai
tu coudras
il coudra
nous coudrons
vous coudrez
ils coudront

PAST HISTORIC
je cousis
tu cousis
il cousit
nous cousîmes
vous cousîtes
ils cousirent

PERFECT
j'ai cousu
tu as cousu
il a cousu
nous avons cousu
vous avez cousu
ils ont cousu

PLUPERFECT
j'avais cousu
tu avais cousu
il avait cousu
nous avions cousu
vous aviez cousu
ils avaient cousu

PAST ANTERIOR
j'eus cousu *etc*

FUTURE PERFECT
j'aurai cousu *etc*

CONDITIONAL

IMPERATIVE

PRESENT
je coudrais
tu coudrais
il coudrait
nous coudrions
vous coudriez
ils coudraient

PAST
j'aurais cousu
tu aurais cousu
il aurait cousu
nous aurions cousu
vous auriez cousu
ils auraient cousu

couds
cousons
cousez

SUBJUNCTIVE

PRESENT
je couse
tu couses
il couse
nous cousions
vous cousiez
ils cousent

IMPERFECT
je cousisse
tu cousisses
il cousît
nous cousissions
vous cousissiez
ils cousissent

PERFECT
j'aie cousu
tu aies cousu
il ait cousu
nous ayons cousu
vous ayez cousu
ils aient cousu

INFINITIVE

PARTICIPLE

PRESENT
coudre

PRESENT
cousant

PAST
avoir cousu

PAST
cousu

COURIR
43 *to run*

PRESENT	IMPERFECT	FUTURE
je cours	je courais	je courrai
tu cours	tu courais	tu courras
il court	il courait	il courra
nous courons	nous courions	nous courrons
vous courez	vous couriez	vous courrez
ils courent	ils couraient	ils courront

PAST HISTORIC	PERFECT	PLUPERFECT
je courus	j'ai couru	j'avais couru
tu courus	tu as couru	tu avais couru
il courut	il a couru	il avait couru
nous courûmes	nous avons couru	nous avions couru
vous courûtes	vous avez couru	vous aviez couru
ils coururent	ils ont couru	ils avaient couru

PAST ANTERIOR	FUTURE PERFECT
j'eus couru *etc*	j'aurai couru *etc*

CONDITIONAL		*IMPERATIVE*
PRESENT	**PAST**	
je courrais	j'aurais couru	cours
tu courrais	tu aurais couru	courons
il courrait	il aurait couru	courez
nous courrions	nous aurions couru	
vous courriez	vous auriez couru	
ils courraient	ils auraient couru	

SUBJUNCTIVE		
PRESENT	**IMPERFECT**	**PERFECT**
je coure	je courusse	j'aie couru
tu coures	tu courusses	tu aies couru
il coure	il courût	il ait couru
nous courions	nous courussions	nous ayons couru
vous couriez	vous courussiez	vous ayez couru
ils courent	ils courussent	ils aient couru

INFINITIVE	*PARTICIPLE*	*NOTE*
PRESENT	**PRESENT**	accourir takes **avoir** or **être** as its auxiliary
courir	courant	
PAST	**PAST**	
avoir couru	couru	

COUVRIR
to cover **44**

PRESENT
je couvre
tu couvres
il couvre
nous couvrons
vous couvrez
ils couvrent

IMPERFECT
je couvrais
tu couvrais
il couvrait
nous couvrions
vous couvriez
ils couvraient

FUTURE
je couvrirai
tu couvriras
il couvrira
nous couvrirons
vous couvrirez
ils couvriront

PAST HISTORIC
je couvris
tu couvris
il couvrit
nous couvrîmes
vous couvrîtes
ils couvrirent

PERFECT
j'ai couvert
tu as couvert
il a couvert
nous avons couvert
vous avez couvert
ils ont couvert

PLUPERFECT
j'avais couvert
tu avais couvert
il avait couvert
nous avions couvert
vous aviez couvert
ils avaient couvert

PAST ANTERIOR
j'eus couvert *etc*

FUTURE PERFECT
j'aurai couvert *etc*

CONDITIONAL

IMPERATIVE

PRESENT
je couvrirais
tu couvrirais
il couvrirait
nous couvririons
vous couvririez
ils couvriraient

PAST
j'aurais couvert
tu aurais couvert
il aurait couvert
nous aurions couvert
vous auriez couvert
ils auraient couvert

couvre
couvrons
couvrez

SUBJUNCTIVE

PRESENT
je couvre
tu couvres
il couvre
nous couvrions
vous couvriez
ils couvrent

IMPERFECT
je couvrisse
tu couvrisses
il couvrît
nous couvrissions
vous couvrissiez
ils couvrissent

PERFECT
j'aie couvert
tu aies couvert
il ait couvert
nous ayons couvert
vous ayez couvert
ils aient couvert

INFINITIVE

PARTICIPLE

PRESENT
couvrir

PRESENT
couvrant

PAST
avoir couvert

PAST
couvert

CRAINDRE
45 _to fear_

PRESENT	IMPERFECT	FUTURE
je crains	je craignais	je craindrai
tu crains	tu craignais	tu craindras
il craint	il craignait	il craindra
nous craignons	nous craignions	nous craindrons
vous craignez	vous craigniez	vous craindrez
ils craignent	ils craignaient	ils craindront

PAST HISTORIC	PERFECT	PLUPERFECT
je craignis	j'ai craint	j'avais craint
tu craignis	tu as craint	tu avais craint
il craignit	il a craint	il avait craint
nous craignîmes	nous avons craint	nous avions craint
vous craignîtes	vous avez craint	vous aviez craint
ils craignirent	ils ont craint	ils avaient craint

PAST ANTERIOR	FUTURE PERFECT
j'eus craint _etc_	j'aurai craint _etc_

CONDITIONAL

PRESENT	PAST
je craindrais	j'aurais craint
tu craindrais	tu aurais craint
il craindrait	il aurait craint
nous craindrions	nous aurions craint
vous craindriez	vous auriez craint
ils craindraient	ils auraient craint

IMPERATIVE

crains
craignons
craignez

SUBJUNCTIVE

PRESENT	IMPERFECT	PERFECT
je craigne	je craignisse	j'aie craint
tu craignes	tu craignisses	tu aies craint
il craigne	il craignît	il ait craint
nous craignions	nous craignissions	nous ayons craint
vous craigniez	vous craignissiez	vous ayez craint
ils craignent	ils craignissent	ils aient craint

INFINITIVE

PRESENT
craindre

PAST
avoir craint

PARTICIPLE

PRESENT
craignant

PAST
craint

PRESENT
je crée
tu crées
il crée
nous créons
vous créez
ils créent

IMPERFECT
je créais
tu créais
il créait
nous créions
vous créiez
ils créaient

FUTURE
je créerai
tu créeras
il créera
nous créerons
vous créerez
ils créeront

PAST HISTORIC
je créai
tu créas
il créa
nous créâmes
vous créâtes
ils créèrent

PERFECT
j'ai créé
tu as créé
il a créé
nous avons créé
vous avez créé
ils ont créé

PLUPERFECT
j'avais créé
tu avais créé
il avait créé
nous avions créé
vous aviez créé
ils avaient créé

PAST ANTERIOR
j'eus créé *etc*

FUTURE PERFECT
j'aurai créé *etc*

CONDITIONAL

IMPERATIVE

PRESENT
je créerais
tu créerais
il créerait
nous créerions
vous créeriez
ils créeraient

PAST
j'aurais créé
tu aurais créé
il aurait créé
nous aurions créé
vous auriez créé
ils auraient créé

crée
créons
créez

SUBJUNCTIVE

PRESENT
je crée
tu crées
il crée
nous créions
vous créiez
ils créent

IMPERFECT
je créasse
tu créasses
il créât
nous créassions
vous créassiez
ils créassent

PERFECT
j'aie créé
tu aies créé
il ait créé
nous ayons créé
vous ayez créé
ils aient créé

INFINITIVE

PARTICIPLE

PRESENT
créer

PRESENT
créant

PAST
avoir créé

PAST
créé

CRIER
47   to shout

PRESENT	IMPERFECT	FUTURE
je crie	je criais	je crierai
tu cries	tu criais	tu crieras
il crie	il criait	il criera
nous crions	nous criions	nous crierons
vous criez	vous criiez	vous crierez
ils crient	ils criaient	ils crieront

PAST HISTORIC	PERFECT	PLUPERFECT
je criai	j'ai crié	j'avais crié
tu crias	tu as crié	tu avais crié
il cria	il a crié	il avait crié
nous criâmes	nous avons crié	nous avions crié
vous criâtes	vous avez crié	vous aviez crié
ils crièrent	ils ont crié	ils avaient crié

PAST ANTERIOR	FUTURE PERFECT
j'eus crié *etc*	j'aurai crié *etc*

CONDITIONAL   IMPERATIVE

PRESENT	PAST	
je crierais	j'aurais crié	crie
tu crierais	tu aurais crié	crions
il crierait	il aurait crié	criez
nous crierions	nous aurions crié	
vous crieriez	vous auriez crié	
ils crieraient	ils auraient crié	

SUBJUNCTIVE

PRESENT	IMPERFECT	PERFECT
je crie	je criasse	j'aie crié
tu cries	tu criasses	tu aies crié
il crie	il criât	il ait crié
nous criions	nous criassions	nous ayons crié
vous criiez	vous criassiez	vous ayez crié
ils crient	ils criassent	ils aient crié

INFINITIVE   PARTICIPLE

PRESENT	PRESENT
crier	criant
PAST	**PAST**
avoir crié	crié

PRESENT
je crois
tu crois
il croit
nous croyons
vous croyez
ils croient

IMPERFECT
je croyais
tu croyais
il croyait
nous croyions
vous croyiez
ils croyaient

FUTURE
je croirai
tu croiras
il croira
nous croirons
vous croirez
ils croiront

PAST HISTORIC
je crus
tu crus
il crut
nous crûmes
vous crûtes
ils crurent

PERFECT
j'ai cru
tu as cru
il a cru
nous avons cru
vous avez cru
ils ont cru

PLUPERFECT
j'avais cru
tu avais cru
il avait cru
nous avions cru
vous aviez cru
ils avaient cru

PAST ANTERIOR
j'eus cru *etc*

FUTURE PERFECT
j'aurai cru *etc*

CONDITIONAL

PRESENT
je croirais
tu croirais
il croirait
nous croirions
vous croiriez
ils croiraient

PAST
j'aurais cru
tu aurais cru
il aurait cru
nous aurions cru
vous auriez cru
ils auraient cru

IMPERATIVE

crois
croyons
croyez

SUBJUNCTIVE

PRESENT
je croie
tu croies
il croie
nous croyions
vous croyiez
ils croient

IMPERFECT
je crusse
tu crusses
il crût
nous crussions
vous crussiez
ils crussent

PERFECT
j'aie cru
tu aies cru
il ait cru
nous ayons cru
vous ayez cru
ils aient cru

INFINITIVE

PRESENT
croire

PAST
avoir cru

PARTICIPLE

PRESENT
croyant

PAST
cru

CROÎTRE
49 *to grow*

PRESENT	IMPERFECT	FUTURE
je croîs	je croissais	je croîtrai
tu croîs	tu croissais	tu croîtras
il croît	il croissait	il croîtra
nous croissons	nous croissions	nous croîtrons
vous croissez	vous croissiez	vous croîtrez
ils croissent	ils croissaient	ils croîtront

PAST HISTORIC	PERFECT	PLUPERFECT
je crûs	j'ai crû	j'avais crû
tu crûs	tu as crû	tu avais crû
il crût	il a crû	il avait crû
nous crûmes	nous avons crû	nous avions crû
vous crûtes	vous avez crû	vous aviez crû
ils crûrent	ils ont crû	ils avaient crû

PAST ANTERIOR	FUTURE PERFECT
j'eus crû *etc*	j'aurai crû *etc*

CONDITIONAL

IMPERATIVE

PRESENT	PAST	
je croîtrais	j'aurais crû	croîs
tu croîtrais	tu aurais crû	croissons
il croîtrait	il aurait crû	croissez
nous croîtrions	nous aurions crû	
vous croîtriez	vous auriez crû	
ils croîtraient	ils auraient crû	

SUBJUNCTIVE

PRESENT	IMPERFECT	PERFECT
je croisse	je crûsse	j'aie crû
tu croisses	tu crûsses	tu aies crû
il croisse	il crût	il ait crû
nous croissions	nous crûssions	nous ayons crû
vous croissiez	vous crûssiez	vous ayez crû
ils croissent	ils crûssent	ils aient crû

INFINITIVE

PARTICIPLE

PRESENT	PRESENT
croître	croissant

PAST	PAST
avoir crû	crû (crue, crus)

PRESENT
je cueille
tu cueilles
il cueille
nous cueillons
vous cueillez
ils cueillent

IMPERFECT
je cueillais
tu cueillais
il cueillait
nous cueillions
vous cueilliez
ils cueillaient

FUTURE
je cueillerai
tu cueilleras
il cueillera
nous cueillerons
vous cueillerez
ils cueilleront

PAST HISTORIC
je cueillis
tu cueillis
il cueillit
nous cueillîmes
vous cueillîtes
ils cueillirent

PERFECT
j'ai cueilli
tu as cueilli
il a cueilli
nous avons cueilli
vous avez cueilli
ils ont cueilli

PLUPERFECT
j'avais cueilli
tu avais cueilli
il avait cueilli
nous avions cueilli
vous aviez cueilli
ils avaient cueilli

PAST ANTERIOR
j'eus cueilli *etc*

FUTURE PERFECT
j'aurai cueilli *etc*

CONDITIONAL

IMPERATIVE

PRESENT
je cueillerais
tu cueillerais
il cueillerait
nous cueillerions
vous cueilleriez
ils cueilleraient

PAST
j'aurais cueilli
tu aurais cueilli
il aurait cueilli
nous aurions cueilli
vous auriez cueilli
ils auraient cueilli

cueille
cueillons
cueillez

SUBJUNCTIVE

PRESENT
je cueille
tu cueilles
il cueille
nous cueillions
vous cueilliez
ils cueillent

IMPERFECT
je cueillisse
tu cueillisses
il cueillît
nous cueillissions
vous cueillissiez
ils cueillissent

PERFECT
j'aie cueilli
tu aies cueilli
il ait cueilli
nous ayons cueilli
vous ayez cueilli
ils aient cueilli

INFINITIVE

PARTICIPLE

PRESENT
cueillir

PRESENT
cueillant

PAST
avoir cueilli

PAST
cueilli

CUIRE
51 *to cook*

PRESENT	IMPERFECT	FUTURE
je cuis	je cuisais	je cuirai
tu cuis	tu cuisais	tu cuiras
il cuit	il cuisait	il cuira
nous cuisons	nous cuisions	nous cuirons
vous cuisez	vous cuisiez	vous cuirez
ils cuisent	ils cuisaient	ils cuiront

PAST HISTORIC	PERFECT	PLUPERFECT
je cuisis	j'ai cuit	j'avais cuit
tu cuisis	tu as cuit	tu avais cuit
il cuisit	il a cuit	il avait cuit
nous cuisîmes	nous avons cuit	nous avions cuit
vous cuisîtes	vous avez cuit	vous aviez cuit
ils cuisirent	ils ont cuit	ils avaient cuit

PAST ANTERIOR	FUTURE PERFECT
j'eus cuit *etc*	j'aurai cuit *etc*

CONDITIONAL

PRESENT	PAST
je cuirais	j'aurais cuit
tu cuirais	tu aurais cuit
il cuirait	il aurait cuit
nous cuirions	nous aurions cuit
vous cuiriez	vous auriez cuit
ils cuiraient	ils auraient cuit

IMPERATIVE

cuis
cuisons
cuisez

SUBJUNCTIVE

PRESENT	IMPERFECT	PERFECT
je cuise	je cuisisse	j'aie cuit
tu cuises	tu cuisisses	tu aies cuit
il cuise	il cuisît	il ait cuit
nous cuisions	nous cuisissions	nous ayons cuit
vous cuisiez	vous cuisissiez	vous ayez cuit
ils cuisent	ils cuisissent	ils aient cuit

INFINITIVE

PRESENT
cuire

PAST
avoir cuit

PARTICIPLE

PRESENT
cuisant

PAST
cuit

PRESENT	IMPERFECT	FUTURE
je déchois		je déchoirai
tu déchois		tu déchoiras
il déchoit		il déchoira
nous déchoyons		nous déchoirons
vous déchoyez		vous déchoirez
ils déchoient		ils déchoiront

PAST HISTORIC	PERFECT	PLUPERFECT
je déchus	j'ai déchu	j'avais déchu
tu déchus	tu as déchu	tu avais déchu
il déchut	il a déchu	il avait déchu
nous déchûmes	nous avons déchu	nous avions déchu
vous déchûtes	vous avez déchu	vous aviez déchu
ils déchurent	ils ont déchu	ils avaient déchu

PAST ANTERIOR	FUTURE PERFECT
j'eus déchu _etc_	j'aurai déchu _etc_

CONDITIONAL

PRESENT	PAST
je déchoirais	j'aurais déchu
tu déchoirais	tu aurais déchu
il déchoirait	il aurait déchu
nous déchoirions	nous aurions déchu
vous déchoiriez	vous auriez déchu
ils déchoiraient	ils auraient déchu

IMPERATIVE

SUBJUNCTIVE

PRESENT	IMPERFECT	PERFECT
je déchoie	je déchusse	j'aie déchu
tu déchoies	tu déchusses	tu aies déchu
il déchoie	il déchût	il ait déchu
nous déchoyions	nous déchussions	nous ayons déchu
vous déchoyiez	vous déchussiez	vous ayez déchu
ils déchoient	ils déchussent	ils aient déchu

INFINITIVE

PRESENT
déchoir

PAST
avoir déchu

PARTICIPLE

PRESENT

PAST
déchu

NOTE

déchoir can also take the auxiliary **être**

DÉCOUVRIR
53   to discover

PRESENT	IMPERFECT	FUTURE
je découvre	je découvrais	je découvrirai
tu découvres	tu découvrais	tu découvriras
il découvre	il découvrait	il découvrira
nous découvrons	nous découvrions	nous découvrirons
vous découvrez	vous découvriez	vous découvrirez
ils découvrent	ils découvraient	ils découvriront

PAST HISTORIC	PERFECT	PLUPERFECT
je découvris	j'ai découvert	j'avais découvert
tu découvris	tu as découvert	tu avais découvert
il découvrit	il a découvert	il avait découvert
nous découvrîmes	nous avons découvert	nous avions découvert
vous découvrîtes	vous avez découvert	vous aviez découvert
ils découvrirent	ils ont découvert	ils avaient découvert

PAST ANTERIOR	FUTURE PERFECT
j'eus découvert *etc*	j'aurai découvert *etc*

CONDITIONAL

PRESENT	PAST
je découvrirais	j'aurais découvert
tu découvrirais	tu aurais découvert
il découvrirait	il aurait découvert
nous découvririons	nous aurions découvert
vous découvririez	vous auriez découvert
ils découvriraient	ils auraient découvert

IMPERATIVE

découvre
découvrons
découvrez

SUBJUNCTIVE

PRESENT	IMPERFECT	PERFECT
je découvre	je découvrisse	j'aie découvert
tu découvres	tu découvrisses	tu aies découvert
il découvre	il découvrît	il ait découvert
nous découvrions	nous découvrissions	nous ayons découvert
vous découvriez	vous découvrissiez	vous ayez découvert
ils découvrent	ils découvrissent	ils aient découvert

INFINITIVE

PRESENT
découvrir

PAST
avoir découvert

PARTICIPLE

PRESENT
découvrant

PAST
découvert

PRESENT	**IMPERFECT**	**FUTURE**
je décris	je décrivais	je décrirai
tu décris	tu décrivais	tu décriras
il décrit	il décrivait	il décrira
nous décrivons	nous décrivions	nous décrirons
vous décrivez	vous décriviez	vous décrirez
ils décrivent	ils décrivaient	ils décriront

PAST HISTORIC	**PERFECT**	**PLUPERFECT**
je décrivis	j'ai décrit	j'avais décrit
tu décrivis	tu as décrit	tu avais décrit
il décrivit	il a décrit	il avait décrit
nous décrivîmes	nous avons décrit	nous avions décrit
vous décrivîtes	vous avez décrit	vous aviez décrit
ils décrivirent	ils ont décrit	ils avaient décrit

PAST ANTERIOR	**FUTURE PERFECT**
j'eus décrit *etc*	j'aurai décrit *etc*

CONDITIONAL

IMPERATIVE

PRESENT	**PAST**	
je décrirais	j'aurais décrit	décris
tu décrirais	tu aurais décrit	décrivons
il décrirait	il aurait décrit	décrivez
nous décririons	nous aurions décrit	
vous décririez	vous auriez décrit	
ils décriraient	ils auraient décrit	

SUBJUNCTIVE

PRESENT	**IMPERFECT**	**PERFECT**
je décrive	je décrivisse	j'aie décrit
tu décrives	tu décrivisses	tu aies décrit
il décrive	il décrivît	il ait décrit
nous décrivions	nous décrivissions	nous ayons décrit
vous décriviez	vous décrivissiez	vous ayez décrit
ils décrivent	ils décrivissent	ils aient décrit

INFINITIVE

PARTICIPLE

PRESENT	**PRESENT**
décrire	décrivant

PAST	**PAST**
avoir décrit	décrit

DÉFAILLIR
55 _to faint_

PRESENT	IMPERFECT	FUTURE
je défaille	je défaillais	je défaillirai
tu défailles	tu défaillais	tu défailliras
il défaille	il défaillait	il défaillira
nous défaillons	nous défaillions	nous défaillirons
vous défaillez	vous défailliez	vous défaillirez
ils défaillent	ils défaillaient	ils défailliront

PAST HISTORIC	PERFECT	PLUPERFECT
je défaillis	j'ai défailli	j'avais défailli
tu défaillis	tu as défailli	tu avais défailli
il défaillit	il a défailli	il avait défailli
nous défaillîmes	nous avons défailli	nous avions défailli
vous défaillîtes	vous avez défailli	vous aviez défailli
ils défaillirent	ils ont défailli	ils avaient défailli

PAST ANTERIOR	FUTURE PERFECT
j'eus défailli _etc_	j'aurai défailli _etc_

CONDITIONAL   IMPERATIVE

PRESENT	PAST	
je défaillirais	j'aurais défailli	défaille
tu défaillirais	tu aurais défailli	défaillons
il défaillirait	il aurait défailli	défaillez
nous défaillirions	nous aurions défailli	
vous défailliriez	vous auriez défailli	
ils défailliraient	ils auraient défailli	

SUBJUNCTIVE

PRESENT	IMPERFECT	PERFECT
je défaille	je défaillisse	j'aie défailli
tu défailles	tu défaillisses	tu aies défailli
il défaille	il défaillît	il ait défailli
nous défaillions	nous défaillissions	nous ayons défailli
vous défailliez	vous défaillissiez	vous ayez défailli
ils défaillent	ils défaillissent	ils aient défailli

INFINITIVE   PARTICIPLE

PRESENT	PRESENT
défaillir	défaillant

PAST	PAST
avoir défailli	défailli

DÉFENDRE
to defend; to forbid **56**

PRESENT	**IMPERFECT**	**FUTURE**
je défends	je défendais	je défendrai
tu défends	tu défendais	tu défendras
il défend	il défendait	il défendra
nous défendons	nous défendions	nous défendrons
vous défendez	vous défendiez	vous défendrez
ils défendent	ils défendaient	ils défendront

PAST HISTORIC	**PERFECT**	**PLUPERFECT**
je défendis	j'ai défendu	j'avais défendu
tu défendis	tu as défendu	tu avais défendu
il défendit	il a défendu	il avait défendu
nous défendîmes	nous avons défendu	nous avions défendu
vous défendîtes	vous avez défendu	vous aviez défendu
ils défendirent	ils ont défendu	ils avaient défendu

PAST ANTERIOR	**FUTURE PERFECT**
j'eus défendu *etc*	j'aurai défendu *etc*

CONDITIONAL

PRESENT	**PAST**	*IMPERATIVE*
je défendrais	j'aurais défendu	défends
tu défendrais	tu aurais défendu	défendons
il défendrait	il aurait défendu	défendez
nous défendrions	nous aurions défendu	
vous défendriez	vous auriez défendu	
ils défendraient	ils auraient défendu	

SUBJUNCTIVE

PRESENT	**IMPERFECT**	**PERFECT**
je défende	je défendisse	j'aie défendu
tu défendes	tu défendisses	tu aies défendu
il défende	il défendît	il ait défendu
nous défendions	nous défendissions	nous ayons défendu
vous défendiez	vous défendissiez	vous ayez défendu
ils défendent	ils défendissent	ils aient défendu

INFINITIVE

PRESENT	**PARTICIPLE** PRESENT
défendre	défendant
PAST	**PAST**
avoir défendu	défendu

DÉMONTER
57 *to dismantle*

PRESENT	IMPERFECT	FUTURE
je démonte	je démontais	je démonterai
tu démontes	tu démontais	tu démonteras
il démonte	il démontait	il démontera
nous démontons	nous démontions	nous démonterons
vous démontez	vous démontiez	vous démonterez
ils démontent	ils démontaient	ils démonteront

PAST HISTORIC	PERFECT	PLUPERFECT
je démontai	j'ai démonté	j'avais démonté
tu démontas	tu as démonté	tu avais démonté
il démonta	il a démonté	il avait démonté
nous démontâmes	nous avons démonté	nous avions démonté
vous démontâtes	vous avez démonté	vous aviez démonté
ils démontèrent	ils ont démonté	ils avaient démonté

PAST ANTERIOR	FUTURE PERFECT
j'eus démonté *etc*	j'aurai démonté *etc*

CONDITIONAL

PRESENT	PAST
je démonterais	j'aurais démonté
tu démonterais	tu aurais démonté
il démonterait	il aurait démonté
nous démonterions	nous aurions démonté
vous démonteriez	vous auriez démonté
ils démonteraient	ils auraient démonté

IMPERATIVE

démonte
démontons
démontez

SUBJUNCTIVE

PRESENT	IMPERFECT	PERFECT
je démonte	je démontasse	j'aie démonté
tu démontes	tu démontasses	tu aies démonté
il démonte	il démontât	il ait démonté
nous démontions	nous démontassions	nous ayons démonté
vous démontiez	vous démontassiez	vous ayez démonté
ils démontent	ils démontassent	ils aient démonté

INFINITIVE

PRESENT
démonter

PAST
avoir démonté

PARTICIPLE

PRESENT
démontant

PAST
démonté

PRESENT	IMPERFECT	FUTURE
je dépèce	je dépeçais	je dépècerai
tu dépèces	tu dépeçais	tu dépèceras
il dépèce	il dépeçait	il dépècera
nous dépeçons	nous dépecions	nous dépècerons
vous dépecez	vous dépeciez	vous dépècerez
ils dépècent	ils dépeçaient	ils dépèceront

PAST HISTORIC	PERFECT	PLUPERFECT
je dépeçai	j'ai dépecé	j'avais dépecé
tu dépeças	tu as dépecé	tu avais dépecé
il dépeça	il a dépecé	il avait dépecé
nous dépeçâmes	nous avons dépecé	nous avions dépecé
vous dépeçâtes	vous avez dépecé	vous aviez dépecé
ils dépecèrent	ils ont dépecé	ils avaient dépecé

PAST ANTERIOR	FUTURE PERFECT
j'eus dépecé *etc*	j'aurai dépecé *etc*

CONDITIONAL

PRESENT	PAST
je dépècerais	j'aurais dépecé
tu dépècerais	tu aurais dépecé
il dépècerait	il aurait dépecé
nous dépècerions	nous aurions dépecé
vous dépèceriez	vous auriez dépecé
ils dépèceraient	ils auraient dépecé

IMPERATIVE

dépèce
dépeçons
dépecez

SUBJUNCTIVE

PRESENT	IMPERFECT	PERFECT
je dépèce	je dépeçasse	j'aie dépecé
tu dépèces	tu dépeçasses	tu aies dépecé
il dépèce	il dépeçât	il ait dépecé
nous dépecions	nous dépeçassions	nous ayons dépecé
vous dépeciez	vous dépeçassiez	vous ayez dépecé
ils dépècent	ils dépeçassent	ils aient dépecé

INFINITIVE

PRESENT
dépecer
PAST
avoir dépecé

PARTICIPLE

PRESENT
dépeçant
PAST
dépecé

DESCENDRE
59 *to go down*

PRESENT	IMPERFECT	FUTURE
je descends	je descendais	je descendrai
tu descends	tu descendais	tu descendras
il descend	il descendait	il descendra
nous descendons	nous descendions	nous descendrons
vous descendez	vous descendiez	vous descendrez
ils descendent	ils descendaient	ils descendront

PAST HISTORIC	PERFECT	PLUPERFECT
je descendis	je suis descendu	j'étais descendu
tu descendis	tu es descendu	tu étais descendu
il descendit	il est descendu	il était descendu
nous descendîmes	nous sommes descendus	nous étions descendus
vous descendîtes	vous êtes descendu(s)	vous étiez descendu(s)
ils descendirent	ils sont descendus	ils étaient descendus

PAST ANTERIOR	FUTURE PERFECT
je fus descendu *etc*	je serai descendu *etc*

CONDITIONAL   IMPERATIVE

PRESENT	PAST	
je descendrais	je serais descendu	descends
tu descendrais	tu serais descendu	descendons
il descendrait	il serait descendu	descendez
nous descendrions	nous serions descendus	
vous descendriez	vous seriez descendu(s)	
ils descendraient	ils seraient descendus	

SUBJUNCTIVE

PRESENT	IMPERFECT	PERFECT
je descende	je descendisse	je sois descendu
tu descendes	tu descendisses	tu sois descendu
il descende	il descendît	il soit descendu
nous descendions	nous descendissions	nous soyons descendus
vous descendiez	vous descendissiez	vous soyez descendu(s)
ils descendent	ils descendissent	ils soient descendus

INFINITIVE   PARTICIPLE   NOTE

PRESENT	PRESENT	descendre takes the auxiliary **avoir** when transitive
descendre	descendant	
PAST	**PAST**	
être descendu	descendu	

PRESENT
je détruis
tu détruis
il détruit
nous détruisons
vous détruisez
ils détruisent

PAST HISTORIC
je détruisis
tu détruisis
il détruisit
nous détruisîmes
vous détruisîtes
ils détruisirent

PAST ANTERIOR
j'eus détruit *etc*

IMPERFECT
je détruisais
tu détruisais
il détruisait
nous détruisions
vous détruisiez
ils détruisaient

PERFECT
j'ai détruit
tu as détruit
il a détruit
nous avons détruit
vous avez détruit
ils ont détruit

FUTURE PERFECT
j'aurai détruit *etc*

FUTURE
je détruirai
tu détruiras
il détruira
nous détruirons
vous détruirez
ils détruiront

PLUPERFECT
j'avais détruit
tu avais détruit
il avait détruit
nous avions détruit
vous aviez détruit
ils avaient détruit

CONDITIONAL

PRESENT
je détruirais
tu détruirais
il détruirait
nous détruirions
vous détruiriez
ils détruiraient

PAST
j'aurais détruit
tu aurais détruit
il aurait détruit
nous aurions détruit
vous auriez détruit
ils auraient détruit

IMPERATIVE

détruis
détruisons
détruisez

SUBJUNCTIVE

PRESENT
je détruise
tu détruises
il détruise
nous détruisions
vous détruisiez
ils détruisent

IMPERFECT
je détruisisse
tu détruisisses
il détruisît
nous détruisissions
vous détruisissiez
ils détruisissent

PERFECT
j'aie détruit
tu aies détruit
il ait détruit
nous ayons détruit
vous ayez détruit
ils aient détruit

INFINITIVE

PRESENT
détruire

PAST
avoir détruit

PARTICIPLE

PRESENT
détruisant

PAST
détruit

PRESENT
je deviens
tu deviens
il devient
nous devenons
vous devenez
ils deviennent

IMPERFECT
je devenais
tu devenais
il devenait
nous devenions
vous deveniez
ils devenaient

FUTURE
je deviendrai
tu deviendras
il deviendra
nous deviendrons
vous deviendrez
ils deviendront

PAST HISTORIC
je devins
tu devins
il devint
nous devînmes
vous devîntes
ils devinrent

PERFECT
je suis devenu
tu es devenu
il est devenu
nous sommes devenus
vous êtes devenu(s)
ils sont devenus

PLUPERFECT
j'étais devenu
tu étais devenu
il était devenu
nous étions devenus
vous étiez devenu(s)
ils étaient devenus

PAST ANTERIOR
je fus devenu *etc*

FUTURE PERFECT
je serai devenu *etc*

CONDITIONAL

IMPERATIVE

PRESENT
je deviendrais
tu deviendrais
il deviendrait
nous deviendrions
vous deviendriez
ils deviendraient

PAST
je serais devenu
tu serais devenu
il serait devenu
nous serions devenus
vous seriez devenu(s)
ils seraient devenus

deviens
devenons
devenez

SUBJUNCTIVE

PRESENT
je devienne
tu deviennes
il devienne
nous devenions
vous deveniez
ils deviennent

IMPERFECT
je devinsse
tu devinsses
il devînt
nous devinssions
vous devinssiez
ils devinssent

PERFECT
je sois devenu
tu sois devenu
il soit devenu
nous soyons devenus
vous soyez devenu(s)
ils soient devenus

INFINITIVE

PARTICIPLE

PRESENT
devenir

PRESENT
devenant

PAST
être devenu

PAST
devenu

PRESENT
je dois
tu dois
il doit
nous devons
vous devez
ils doivent

IMPERFECT
je devais
tu devais
il devait
nous devions
vous deviez
ils devaient

FUTURE
je devrai
tu devras
il devra
nous devrons
vous devrez
ils devront

PAST HISTORIC
je dus
tu dus
il dut
nous dûmes
vous dûtes
ils durent

PERFECT
j'ai dû
tu as dû
il a dû
nous avons dû
vous avez dû
ils ont dû

PLUPERFECT
j'avais dû
tu avais dû
il avait dû
nous avions dû
vous aviez dû
ils avaient dû

PAST ANTERIOR
j'eus dû *etc*

FUTURE PERFECT
j'aurai dû *etc*

CONDITIONAL

IMPERATIVE

PRESENT
je devrais
tu devrais
il devrait
nous devrions
vous devriez
ils devraient

PAST
j'aurais dû
tu aurais dû
il aurait dû
nous aurions dû
vous auriez dû
ils auraient dû

dois
devons
devez

SUBJUNCTIVE

PRESENT
je doive
tu doives
il doive
nous devions
vous deviez
ils doivent

IMPERFECT
je dusse
tu dusses
il dût
nous dussions
vous dussiez
ils dussent

PERFECT
j'aie dû
tu aies dû
il ait dû
nous ayons dû
vous ayez dû
ils aient dû

INFINITIVE

PARTICIPLE

PRESENT
devoir

PRESENT
devant

PAST
avoir dû

PAST
dû (due, dus)

PRESENT	IMPERFECT	FUTURE
je dis	je disais	je dirai
tu dis	tu disais	tu diras
il dit	il disait	il dira
nous disons	nous disions	nous dirons
vous dites	vous disiez	vous direz
ils disent	ils disaient	ils diront

PAST HISTORIC	PERFECT	PLUPERFECT
je dis	j'ai dit	j'avais dit
tu dis	tu as dit	tu avais dit
il dit	il a dit	il avait dit
nous dîmes	nous avons dit	nous avions dit
vous dîtes	vous avez dit	vous aviez dit
ils dirent	ils ont dit	ils avaient dit

PAST ANTERIOR	FUTURE PERFECT
j'eus dit *etc*	j'aurai dit *etc*

CONDITIONAL

PRESENT	PAST
je dirais	j'aurais dit
tu dirais	tu aurais dit
il dirait	il aurait dit
nous dirions	nous aurions dit
vous diriez	vous auriez dit
ils diraient	ils auraient dit

IMPERATIVE

dis
disons
dites

SUBJUNCTIVE

PRESENT	IMPERFECT	PERFECT
je dise	je disse	j'aie dit
tu dises	tu disses	tu aies dit
il dise	il dît	il ait dit
nous disions	nous dissions	nous ayons dit
vous disiez	vous dissiez	vous ayez dit
ils disent	ils dissent	ils aient dit

INFINITIVE

PARTICIPLE

PRESENT	PRESENT
dire	disant

PAST	PAST
avoir dit	dit

PRESENT
je dissèque
tu dissèques
il dissèque
nous disséquons
vous disséquez
ils dissèquent

IMPERFECT
je disséquais
tu disséquais
il disséquait
nous disséquions
vous disséquiez
ils disséquaient

FUTURE
je disséquerai
tu disséqueras
il disséquera
nous disséquerons
vous disséquerez
ils disséqueront

PAST HISTORIC
je disséquai
tu disséquas
il disséqua
nous disséquâmes
vous disséquâtes
ils disséquèrent

PERFECT
j'ai disséqué
tu as disséqué
il a disséqué
nous avons disséqué
vous avez disséqué
ils ont disséqué

PLUPERFECT
j'avais disséqué
tu avais disséqué
il avait disséqué
nous avions disséqué
vous aviez disséqué
ils avaient disséqué

PAST ANTERIOR
j'eus disséqué *etc*

FUTURE PERFECT
j'aurai disséqué *etc*

CONDITIONAL

PRESENT
je disséquerais
tu disséquerais
il disséquerait
nous disséquerions
vous disséqueriez
ils disséqueraient

PAST
j'aurais disséqué
tu aurais disséqué
il aurait disséqué
nous aurions disséqué
vous auriez disséqué
ils auraient disséqué

IMPERATIVE

dissèque
disséquons
disséquez

SUBJUNCTIVE

PRESENT
je dissèque
tu dissèques
il dissèque
nous disséquions
vous disséquiez
ils dissèquent

IMPERFECT
je disséquasse
tu disséquasses
il disséquât
nous disséquassions
vous disséquassiez
ils disséquassent

PERFECT
j'aie disséqué
tu aies disséqué
il ait disséqué
nous ayons disséqué
vous ayez disséqué
ils aient disséqué

INFINITIVE

PRESENT
disséquer

PAST
avoir disséqué

PARTICIPLE

PRESENT
disséquant

PAST
disséqué

DISSOUDRE
65 to dissolve

PRESENT	IMPERFECT	FUTURE
je dissous	je dissolvais	je dissoudrai
tu dissous	tu dissolvais	tu dissoudras
il dissout	il dissolvait	il dissoudra
nous dissolvons	nous dissolvions	nous dissoudrons
vous dissolvez	vous dissolviez	vous dissoudrez
ils dissolvent	ils dissolvaient	ils dissoudront

PAST HISTORIC	PERFECT	PLUPERFECT
je dissolus	j'ai dissous	j'avais dissous
tu dissolus	tu as dissous	tu avais dissous
il dissolut	il a dissous	il avait dissous
nous dissolûmes	nous avons dissous	nous avions dissous
vous dissolûtes	vous avez dissous	vous aviez dissous
ils dissolurent	ils ont dissous	ils avaient dissous

PAST ANTERIOR	FUTURE PERFECT
j'eus dissous *etc*	j'aurai dissous *etc*

CONDITIONAL   IMPERATIVE

PRESENT	PAST	
je dissoudrais	j'aurais dissous	dissous
tu dissoudrais	tu aurais dissous	dissolvons
il dissoudrait	il aurait dissous	dissolvez
nous dissoudrions	nous aurions dissous	
vous dissoudriez	vous auriez dissous	
ils dissoudraient	ils auraient dissous	

SUBJUNCTIVE

PRESENT	IMPERFECT	PERFECT
je dissolve	je dissolusse	j'aie dissous
tu dissolves	tu dissolusses	tu aies dissous
il dissolve	il dissolût	il ait dissous
nous dissolvions	nous dissolussions	nous ayons dissous
vous dissolviez	vous dissolussiez	vous ayez dissous
ils dissolvent	ils dissolussent	ils aient dissous

INFINITIVE   PARTICIPLE

PRESENT	PRESENT
dissoudre	dissolvant

PAST	PAST
avoir dissous	dissous (dissoute)

PRESENT	**IMPERFECT**	**FUTURE**
je distrais	je distrayais	je distrairai
tu distrais	tu distrayais	tu distrairas
il distrait	il distrayait	il distraira
nous distrayons	nous distrayions	nous distrairons
vous distrayez	vous distrayiez	vous distrairez
ils distraient	ils distrayaient	ils distrairont

PAST HISTORIC	**PERFECT**	**PLUPERFECT**
	j'ai distrait	j'avais distrait
	tu as distrait	tu avais distrait
	il a distrait	il avait distrait
	nous avons distrait	nous avions distrait
	vous avez distrait	vous aviez distrait
	ils ont distrait	ils avaient distrait

PAST ANTERIOR	**FUTURE PERFECT**
j'eus distrait *etc*	j'aurai distrait *etc*

CONDITIONAL

PRESENT	**PAST**
je distrairais	j'aurais distrait
tu distrairais	tu aurais distrait
il distrairait	il aurait distrait
nous distrairions	nous aurions distrait
vous distrairiez	vous auriez distrait
ils distrairaient	ils auraient distrait

IMPERATIVE

distrais
distrayons
distrayez

SUBJUNCTIVE

PRESENT	**IMPERFECT**	**PERFECT**
je distraie		j'aie distrait
tu distraies		tu aies distrait
il distraie		il ait distrait
nous distrayions		nous ayons distrait
vous distrayiez		vous ayez distrait
ils distraient		ils aient distrait

INFINITIVE

PRESENT	**PARTICIPLE**	**NOTE**
distraire	**PRESENT**	braire and traire have
	distrayant	no past historic or
PAST		imperfect subjunctive
avoir distrait	**PAST**	
	distrait	

PRESENT	IMPERFECT	FUTURE
je donne	je donnais	je donnerai
tu donnes	tu donnais	tu donneras
il donne	il donnait	il donnera
nous donnons	nous donnions	nous donnerons
vous donnez	vous donniez	vous donnerez
ils donnent	ils donnaient	ils donneront

PAST HISTORIC	PERFECT	PLUPERFECT
je donnai	j'ai donné	j'avais donné
tu donnas	tu as donné	tu avais donné
il donna	il a donné	il avait donné
nous donnâmes	nous avons donné	nous avions donné
vous donnâtes	vous avez donné	vous aviez donné
ils donnèrent	ils ont donné	ils avaient donné

PAST ANTERIOR	FUTURE PERFECT
j'eus donné *etc*	j'aurai donné *etc*

CONDITIONAL | IMPERATIVE

PRESENT	PAST	
je donnerais	j'aurais donné	donne
tu donnerais	tu aurais donné	donnons
il donnerait	il aurait donné	donnez
nous donnerions	nous aurions donné	
vous donneriez	vous auriez donné	
ils donneraient	ils auraient donné	

SUBJUNCTIVE

PRESENT	IMPERFECT	PERFECT
je donne	je donnasse	j'aie donné
tu donnes	tu donnasses	tu aies donné
il donne	il donnât	il ait donné
nous donnions	nous donnassions	nous ayons donné
vous donniez	vous donnassiez	vous ayez donné
ils donnent	ils donnassent	ils aient donné

INFINITIVE | PARTICIPLE

PRESENT	PRESENT
donner	donnant

PAST	PAST
avoir donné	donné

PRESENT	**IMPERFECT**	**FUTURE**
je dors	je dormais	je dormirai
tu dors	tu dormais	tu dormiras
il dort	il dormait	il dormira
nous dormons	nous dormions	nous dormirons
vous dormez	vous dormiez	vous dormirez
ils dorment	ils dormaient	ils dormiront

PAST HISTORIC	**PERFECT**	**PLUPERFECT**
je dormis	j'ai dormi	j'avais dormi
tu dormis	tu as dormi	tu avais dormi
il dormit	il a dormi	il avait dormi
nous dormîmes	nous avons dormi	nous avions dormi
vous dormîtes	vous avez dormi	vous aviez dormi
ils dormirent	ils ont dormi	ils avaient dormi

PAST ANTERIOR	**FUTURE PERFECT**
j'eus dormi *etc*	j'aurai dormi *etc*

CONDITIONAL

		IMPERATIVE
PRESENT	**PAST**	
je dormirais	j'aurais dormi	dors
tu dormirais	tu aurais dormi	dormons
il dormirait	il aurait dormi	dormez
nous dormirions	nous aurions dormi	
vous dormiriez	vous auriez dormi	
ils dormiraient	ils auraient dormi	

SUBJUNCTIVE

PRESENT	**IMPERFECT**	**PERFECT**
je dorme	je dormisse	j'aie dormi
tu dormes	tu dormisses	tu aies dormi
il dorme	il dormît	il ait dormi
nous dormions	nous dormissions	nous ayons dormi
vous dormiez	vous dormissiez	vous ayez dormi
ils dorment	ils dormissent	ils aient dormi

INFINITIVE | PARTICIPLE

PRESENT	**PRESENT**
dormir	dormant

PAST	**PAST**
avoir dormi	dormi

ÉCHOIR
69 *to expire*

PRESENT	IMPERFECT	FUTURE
il échoit		il échoira

PAST HISTORIC	PERFECT	PLUPERFECT
il échut	il est échu	il était échu

PAST ANTERIOR	FUTURE PERFECT	
il fut échu	il sera échu	

CONDITIONAL   IMPERATIVE

PRESENT	PAST
il échoirait	il serait échu

SUBJUNCTIVE

PRESENT	IMPERFECT	PERFECT
	il échût	il soit échu

INFINITIVE   PARTICIPLE

PRESENT	PRESENT
échoir	échéant

PAST	PAST
être échu	échu

PRESENT	**IMPERFECT**	**FUTURE**
il éclôt		il éclora
ils éclosent		ils écloront

PAST HISTORIC	**PERFECT**	**PLUPERFECT**
	il est éclos	il était éclos
	ils sont éclos	ils étaient éclos

PAST ANTERIOR	**FUTURE PERFECT**	
il fut éclos *etc*	il sera éclos *etc*	

CONDITIONAL

IMPERATIVE

PRESENT	**PAST**
il éclorait	il serait éclos
ils écloraient	ils seraient éclos

SUBJUNCTIVE

PRESENT	**IMPERFECT**	**PERFECT**
il éclose		il soit éclos
ils éclosent		ils soient éclos

INFINITIVE

PARTICIPLE

PRESENT	**PRESENT**
éclore	

PAST	**PAST**
être éclos	éclos

ÉCRÉMER
71 *to skim*

PRESENT	IMPERFECT	FUTURE
j'écrème	j'écrémais	j'écrémerai
tu écrèmes	tu écrémais	tu écrémeras
il écrème	il écrémait	il écrémera
nous écrémons	nous écrémions	nous écrémerons
vous écrémez	vous écrémiez	vous écrémerez
ils écrèment	ils écrémaient	ils écrémeront

PAST HISTORIC	PERFECT	PLUPERFECT
j'écrémai	j'ai écrémé	j'avais écrémé
tu écrémas	tu as écrémé	tu avais écrémé
il écréma	il a écrémé	il avait écrémé
nous écrémâmes	nous avons écrémé	nous avions écrémé
vous écrémâtes	vous avez écrémé	vous aviez écrémé
ils écrémèrent	ils ont écrémé	ils avaient écrémé

PAST ANTERIOR	FUTURE PERFECT
j'eus écrémé *etc*	j'aurai écrémé *etc*

CONDITIONAL

PRESENT	PAST	IMPERATIVE
j'écrémerais	j'aurais écrémé	écrème
tu écrémerais	tu aurais écrémé	écrémons
il écrémerait	il aurait écrémé	écrémez
nous écrémerions	nous aurions écrémé	
vous écrémeriez	vous auriez écrémé	
ils écrémeraient	ils auraient écrémé	

SUBJUNCTIVE

PRESENT	IMPERFECT	PERFECT
j'écrème	j'écrémasse	j'aie écrémé
tu écrèmes	tu écrémasses	tu aies écrémé
il écrème	il écrémât	il ait écrémé
nous écrémions	nous écrémassions	nous ayons écrémé
vous écrémiez	vous écrémassiez	vous ayez écrémé
ils écrèment	ils écrémassent	ils aient écrémé

INFINITIVE | ## PARTICIPLE

PRESENT	PRESENT
écrémer	écrémant

PAST	PAST
avoir écrémé	écrémé

PRESENT	IMPERFECT	FUTURE
j'écris	j'écrivais	j'écrirai
tu écris	tu écrivais	tu écriras
il écrit	il écrivait	il écrira
nous écrivons	nous écrivions	nous écrirons
vous écrivez	vous écriviez	vous écrirez
ils écrivent	ils écrivaient	ils écriront

PAST HISTORIC	PERFECT	PLUPERFECT
j'écrivis	j'ai écrit	j'avais écrit
tu écrivis	tu as écrit	tu avais écrit
il écrivit	il a écrit	il avait écrit
nous écrivîmes	nous avons écrit	nous avions écrit
vous écrivîtes	vous avez écrit	vous aviez écrit
ils écrivirent	ils ont écrit	ils avaient écrit

PAST ANTERIOR	FUTURE PERFECT
j'eus écrit *etc*	j'aurai écrit *etc*

CONDITIONAL

PRESENT	PAST
j'écrirais	j'aurais écrit
tu écrirais	tu aurais écrit
il écrirait	il aurait écrit
nous écririons	nous aurions écrit
vous écririez	vous auriez écrit
ils écriraient	ils auraient écrit

IMPERATIVE

écris
écrivons
écrivez

SUBJUNCTIVE

PRESENT	IMPERFECT	PERFECT
j'écrive	j'écrivisse	j'aie écrit
tu écrives	tu écrivisses	tu aies écrit
il écrive	il écrivît	il ait écrit
nous écrivions	nous écrivissions	nous ayons écrit
vous écriviez	vous écrivissiez	vous ayez écrit
ils écrivent	ils écrivissent	ils aient écrit

INFINITIVE

PRESENT
écrire

PAST
avoir écrit

PARTICIPLE

PRESENT
écrivant

PAST
écrit

ÉLEVER

PRESENT	IMPERFECT	FUTURE
j'élève	j'élevais	j'élèverai
tu élèves	tu élevais	tu élèveras
il élève	il élevait	il élèvera
nous élevons	nous élevions	nous élèverons
vous élevez	vous éleviez	vous élèverez
ils élèvent	ils élevaient	ils élèveront

PAST HISTORIC	PERFECT	PLUPERFECT
j'élevai	j'ai élevé	j'avais élevé
tu élevas	tu as élevé	tu avais élevé
il éleva	il a élevé	il avait élevé
nous élevâmes	nous avons élevé	nous avions élevé
vous élevâtes	vous avez élevé	vous aviez élevé
ils élevèrent	ils ont élevé	ils avaient élevé

PAST ANTERIOR	FUTURE PERFECT
j'eus élevé *etc*	j'aurai élevé *etc*

CONDITIONAL

IMPERATIVE

PRESENT	PAST	
j' élèverais	j'aurais élevé	élève
tu élèverais	tu aurais élevé	élevons
il élèverait	il aurait élevé	élevez
nous élèverions	nous aurions élevé	
vous élèveriez	vous auriez élevé	
ils élèveraient	ils auraient élevé	

SUBJUNCTIVE

PRESENT	IMPERFECT	PERFECT
j'élève	j'élevasse	j'aie élevé
tu élèves	tu élevasses	tu aies élevé
il élève	il élevât	il ait élevé
nous élevions	nous élevassions	nous ayons élevé
vous éleviez	vous élevassiez	vous ayez élevé
ils élèvent	ils élevassent	ils aient élevé

INFINITIVE

PARTICIPLE

PRESENT	PRESENT
élever	élevant

PAST	PAST
avoir élevé	élevé

PRESENT
j'émeus
tu émeus
il émeut
nous émouvons
vous émouvez
ils émeuvent

IMPERFECT
j'émouvais
tu émouvais
il émouvait
nous émouvions
vous émouviez
ils émouvaient

FUTURE
j'émouvrai
tu émouvras
il émouvra
nous émouvrons
vous émouvrez
ils émouvront

PAST HISTORIC
j'émus
tu émus
il émut
nous émûmes
vous émûtes
ils émurent

PERFECT
j'ai ému
tu as ému
il a ému
nous avons ému
vous avez ému
ils ont ému

PLUPERFECT
j'avais ému
tu avais ému
il avait ému
nous avions ému
vous aviez ému
ils avaient ému

PAST ANTERIOR
j'eus ému *etc*

FUTURE PERFECT
j'aurai ému *etc*

CONDITIONAL

IMPERATIVE

PRESENT
j'émouvrais
tu émouvrais
il émouvrait
nous émouvrions
vous émouvriez
ils émouvraient

PAST
j'aurais ému
tu aurais ému
il aurait ému
nous aurions ému
vous auriez ému
ils auraient ému

émeus
émouvons
émouvez

SUBJUNCTIVE

PRESENT
j'émeuve
tu émeuves
il émeuve
nous émouvions
vous émouviez
ils émeuvent

IMPERFECT
j'émusse
tu émusses
il émût
nous émussions
vous émussiez
ils émussent

PERFECT
j'aie ému
tu aies ému
il ait ému
nous ayons ému
vous ayez ému
ils aient ému

INFINITIVE

PARTICIPLE

PRESENT
émouvoir

PRESENT
émouvant

PAST
avoir ému

PAST
ému

PRESENT	IMPERFECT	FUTURE
j'enclos		j'enclorai
tu enclos		tu encloras
il enclôt		il enclora
nous enclosons		nous enclorons
vous enclosez		vous enclorez
ils enclosent		ils encloront

PAST HISTORIC	PERFECT	PLUPERFECT
	j'ai enclos	j'avais enclos
	tu as enclos	tu avais enclos
	il a enclos	il avait enclos
	nous avons enclos	nous avions enclos
	vous avez enclos	vous aviez enclos
	ils ont enclos	ils avaient enclos

PAST ANTERIOR	FUTURE PERFECT	
j'eus enclos *etc*	j'aurai enclos *etc*	

CONDITIONAL

PRESENT	PAST	IMPERATIVE
j'enclorais	j'aurais enclos	enclos
tu enclorais	tu aurais enclos	
il enclorait	il aurait enclos	
nous enclorions	nous aurions enclos	
vous encloriez	vous auriez enclos	
ils encloraient	ils auraient enclos	

SUBJUNCTIVE

PRESENT	IMPERFECT	PERFECT
j'enclose		j'aie enclos
tu encloses		tu aies enclos
il enclose		il ait enclos
nous enclosions		nous ayons enclos
vous enclosiez		vous ayez enclos
ils enclosent		ils aient enclos

INFINITIVE / PARTICIPLE

INFINITIVE	PARTICIPLE
PRESENT	**PRESENT**
enclore	
PAST	**PAST**
avoir enclos	enclos

PRESENT
je m'endors
tu t'endors
il s'endort
nous nous endormons
vous vous endormez
ils s'endorment

IMPERFECT
je m'endormais
tu t'endormais
il s'endormait
nous nous endormions
vous vous endormiez
ils s'endormaient

FUTURE
je m'endormirai
tu t'endormiras
il s'endormira
nous nous endormirons
vous vous endormirez
ils s'endormiront

PAST HISTORIC
je m'endormis
tu t'endormis
il s'endormit
nous nous endormîmes
vous vous endormîtes
ils s'endormirent

PERFECT
je me suis endormi
tu t'es endormi
il s'est endormi
nous ns. sommes endormis
vous vs. êtes endormi(s)
ils se sont endormis

PLUPERFECT
je m'étais endormi
tu t'étais endormi
il s'était endormi
nous ns. étions endormis
vous vs. étiez endormi(s)
ils s'étaient endormis

PAST ANTERIOR
je me fus endormi *etc*

FUTURE PERFECT
je me serai endormi *etc*

CONDITIONAL

PRESENT
je m'endormirais
tu t'endormirais
il s'endormirait
nous nous endormirions
vous vous endormiriez
ils s'endormiraient

PAST
je me serais endormi
tu te serais endormi
il se serait endormi
nous ns. serions endormis
vous vs. seriez endormi(s)
ils se seraient endormis

IMPERATIVE

endors-toi
endormons-nous
endormez-vous

SUBJUNCTIVE

PRESENT
je m'endorme
tu t'endormes
il s'endorme
nous nous endormions
vous vous endormiez
ils s'endorment

IMPERFECT
je m'endormisse
tu t'endormisses
il s'endormît
nous nous endormissions
vous vous endormissiez
ils s'endormissent

PERFECT
je me sois endormi
tu te sois endormi
il se soit endormi
nous ns. soyons endormis
vous vs. soyez endormi(s)
ils se soient endormis

INFINITIVE

PRESENT
s'endormir

PAST
s'être endormi

PARTICIPLE

PRESENT
s'endormant

PAST
endormi

PRESENT
je m'enfuis
tu t'enfuis
il s'enfuit
nous nous enfuyons
vous vous enfuyez
ils s'enfuient

IMPERFECT
je m'enfuyais
tu t'enfuyais
il s'enfuyait
nous nous enfuyions
vous vous enfuyiez
ils s'enfuyaient

FUTURE
je m'enfuirai
tu t'enfuiras
il s'enfuira
nous nous enfuirons
vous vous enfuirez
ils s'enfuiront

PAST HISTORIC
je m'enfuis
tu t'enfuis
il s'enfuit
nous nous enfuîmes
vous vous enfuîtes
ils s'enfuirent

PERFECT
je me suis enfui
tu t'es enfui
il s'est enfui
nous nous sommes enfuis
vous vous êtes enfui(s)
ils se sont enfuis

PLUPERFECT
je m'étais enfui
tu t'étais enfui
il s'était enfui
nous nous étions enfuis
vous vous étiez enfui(s)
ils s'étaient enfuis

PAST ANTERIOR
je me fus enfui *etc*

FUTURE PERFECT
je me serai enfui *etc*

CONDITIONAL

PRESENT
je m'enfuirais
tu t'enfuirais
il s'enfuirait
nous nous enfuirions
vous vous enfuiriez
ils s'enfuiraient

PAST
je me serais enfui
tu te serais enfui
il se serait enfui
nous nous serions enfuis
vous vous seriez enfui(s)
ils se seraient enfuis

IMPERATIVE

enfuis-toi
enfuyons-nous
enfuyez-vous

SUBJUNCTIVE

PRESENT
je m'enfuie
tu t'enfuies
il s'enfuie
nous nous enfuyions
vous vous enfuyiez
ils s'enfuient

IMPERFECT
je m'enfuisse
tu t'enfuisses
il s'enfuît
nous nous enfuissions
vous vous enfuissiez
ils s'enfuissent

PERFECT
je me sois enfui
tu te sois enfui
il se soit enfui
nous nous soyons enfuis
vous vous soyez enfui(s)
ils se soient enfuis

INFINITIVE

PRESENT
s'enfuir

PAST
s'être enfui

PARTICIPLE

PRESENT
s'enfuyant

PAST
enfui

PRESENT
j'ennuie
tu ennuies
il ennuie
nous ennuyons
vous ennuyez
ils ennuient

IMPERFECT
j'ennuyais
tu ennuyais
il ennuyait
nous ennuyions
vous ennuyiez
ils ennuyaient

FUTURE
j'ennuierai
tu ennuieras
il ennuiera
nous ennuierons
vous ennuierez
ils ennuieront

PAST HISTORIC
j'ennuyai
tu ennuyas
il ennuya
nous ennuyâmes
vous ennuyâtes
ils ennuyèrent

PERFECT
j'ai ennuyé
tu as ennuyé
il a ennuyé
nous avons ennuyé
vous avez ennuyé
ils ont ennuyé

PLUPERFECT
j'avais ennuyé
tu avais ennuyé
il avait ennuyé
nous avions ennuyé
vous aviez ennuyé
ils avaient ennuyé

PAST ANTERIOR
j'eus ennuyé *etc*

FUTURE PERFECT
j'aurai ennuyé *etc*

CONDITIONAL

IMPERATIVE

PRESENT
j'ennuierais
tu ennuierais
il ennuierait
nous ennuierions
vous ennuieriez
ils ennuieraient

PAST
j'aurais ennuyé
tu aurais ennuyé
il aurait ennuyé
nous aurions ennuyé
vous auriez ennuyé
ils auraient ennuyé

ennuie
ennuyons
ennuyez

SUBJUNCTIVE

PRESENT
j'ennuie
tu ennuies
il ennuie
nous ennuyions
vous ennuyiez
ils ennuient

IMPERFECT
j'ennuyasse
tu ennuyasses
il ennuyât
nous ennuyassions
vous ennuyassiez
ils ennuyassent

PERFECT
j'aie ennuyé
tu aies ennuyé
il ait ennuyé
nous ayons ennuyé
vous ayez ennuyé
ils aient ennuyé

INFINITIVE

PARTICIPLE

PRESENT
ennuyer

PRESENT
ennuyant

PAST
avoir ennuyé

PAST
ennuyé

PRESENT	IMPERFECT	FUTURE
il s'ensuit	il s'ensuivait	il s'ensuivra
ils s'ensuivent	ils s'ensuivaient	ils s'ensuivront

PAST HISTORIC	PERFECT	PLUPERFECT
il s'ensuivit	il s'est ensuivi	il s'était ensuivi
ils s'ensuivirent	ils se sont ensuivis	ils s'étaient ensuivis

PAST ANTERIOR	FUTURE PERFECT	
il se fut ensuivi *etc*	il se sera ensuivi *etc*	

CONDITIONAL   IMPERATIVE

PRESENT	PAST
il s'ensuivrait	il se serait ensuivi
ils s'ensuivraient	ils se seraient ensuivis

SUBJUNCTIVE

PRESENT	IMPERFECT	PERFECT
il s'ensuive	il s'ensuivît	il se soit ensuivi
ils s'ensuivent	ils s'ensuivissent	ils se soient ensuivis

INFINITIVE   PARTICIPLE

PRESENT	PRESENT
s'ensuivre	

PAST	PAST
s'être ensuivi	ensuivi

PRESENT
j'entends
tu entends
il entend
nous entendons
vous entendez
ils entendent

IMPERFECT
j'entendais
tu entendais
il entendait
nous entendions
vous entendiez
ils entendaient

FUTURE
j'entendrai
tu entendras
il entendra
nous entendrons
vous entendrez
ils entendront

PAST HISTORIC
j'entendis
tu entendis
il entendit
nous entendîmes
vous entendîtes
ils entendirent

PERFECT
j'ai entendu
tu as entendu
il a entendu
nous avons entendu
vous avez entendu
ils ont entendu

PLUPERFECT
j'avais entendu
tu avais entendu
il avait entendu
nous avions entendu
vous aviez entendu
ils avaient entendu

PAST ANTERIOR
j'eus entendu *etc*

FUTURE PERFECT
j'aurai entendu *etc*

CONDITIONAL

PRESENT
j'entendrais
tu entendrais
il entendrait
nous entendrions
vous entendriez
ils entendraient

PAST
j'aurais entendu
tu aurais entendu
il aurait entendu
nous aurions entendu
vous auriez entendu
ils auraient entendu

IMPERATIVE

entends
entendons
entendez

SUBJUNCTIVE

PRESENT
j'entende
tu entendes
il entende
nous entendions
vous entendiez
ils entendent

IMPERFECT
j'entendisse
tu entendisses
il entendît
nous entendissions
vous entendissiez
ils entendissent

PERFECT
j'aie entendu
tu aies entendu
il ait entendu
nous ayons entendu
vous ayez entendu
ils aient entendu

INFINITIVE

PRESENT
entendre

PAST
avoir entendu

PARTICIPLE

PRESENT
entendant

PAST
entendu

PRESENT	**IMPERFECT**	**FUTURE**
j'entre	j'entrais	j'entrerai
tu entres	tu entrais	tu entreras
il entre	il entrait	il entrera
nous entrons	nous entrions	nous entrerons
vous entrez	vous entriez	vous entrerez
ils entrent	ils entraient	ils entreront

PAST HISTORIC	**PERFECT**	**PLUPERFECT**
j'entrai	je suis entré	j'étais entré
tu entras	tu es entré	tu étais entré
il entra	il est entré	il était entré
nous entrâmes	nous sommes entrés	nous étions entrés
vous entrâtes	vous êtes entré(s)	vous étiez entré(s)
ils entrèrent	ils sont entrés	ils étaient entrés

PAST ANTERIOR	**FUTURE PERFECT**	
je fus entré *etc*	je serai entré *etc*	

CONDITIONAL

PRESENT	**PAST**
j'entrerais	je serais entré
tu entrerais	tu serais entré
il entrerait	il serait entré
nous entrerions	nous serions entrés
vous entreriez	vous seriez entré(s)
ils entreraient	ils seraient entrés

IMPERATIVE

entre
entrons
entrez

SUBJUNCTIVE

PRESENT	**IMPERFECT**	**PERFECT**
j'entre	j'entrasse	je sois entré
tu entres	tu entrasses	tu sois entré
il entre	il entrât	il soit entré
nous entrions	nous entrassions	nous soyons entrés
vous entriez	vous entrassiez	vous soyez entré(s)
ils entrent	ils entrassent	ils soient entrés

INFINITIVE

PRESENT
entrer

PAST
être entré

PARTICIPLE

PRESENT
entrant

PAST
entré

NOTE

entrer takes the
auxiliary **avoir** when
transitive

PRESENT	**IMPERFECT**	**FUTURE**
j'envahis	j'envahissais	j'envahirai
tu envahis	tu envahissais	tu envahiras
il envahit	il envahissait	il envahira
nous envahissons	nous envahissions	nous envahirons
vous envahissez	vous envahissiez	vous envahirez
ils envahissent	ils envahissaient	ils envahiront

PAST HISTORIC	**PERFECT**	**PLUPERFECT**
j'envahis	j'ai envahi	j'avais envahi
tu envahis	tu as envahi	tu avais envahi
il envahit	il a envahi	il avait envahi
nous envahîmes	nous avons envahi	nous avions envahi
vous envahîtes	vous avez envahi	vous aviez envahi
ils envahirent	ils ont envahi	ils avaient envahi

PAST ANTERIOR	**FUTURE PERFECT**
j'eus envahi *etc*	j'aurai envahi *etc*

CONDITIONAL		*IMPERATIVE*
PRESENT	**PAST**	
j'envahirais	j'aurais envahi	envahis
tu envahirais	tu aurais envahi	envahissons
il envahirait	il aurait envahi	envahissez
nous envahirions	nous aurions envahi	
vous envahiriez	vous auriez envahi	
ils envahiraient	ils auraient envahi	

SUBJUNCTIVE		
PRESENT	**IMPERFECT**	**PERFECT**
j'envahisse	j'envahisse	j'aie envahi
tu envahisses	tu envahisses	tu aies envahi
il envahisse	il envahît	il ait envahi
nous envahissions	nous envahissions	nous ayons envahi
vous envahissiez	vous envahissiez	vous ayez envahi
ils envahissent	ils envahissent	ils aient envahi

INFINITIVE	*PARTICIPLE*
PRESENT	**PRESENT**
envahir	envahissant
PAST	**PAST**
avoir envahi	envahi

ENVOYER
83 *to send*

PRESENT	**IMPERFECT**	**FUTURE**
j'envoie	j'envoyais	j'enverrai
tu envoies	tu envoyais	tu enverras
il envoie	il envoyait	il enverra
nous envoyons	nous envoyions	nous enverrons
vous envoyez	vous envoyiez	vous enverrez
ils envoient	ils envoyaient	ils enverront

PAST HISTORIC	**PERFECT**	**PLUPERFECT**
j'envoyai	j'ai envoyé	j'avais envoyé
tu envoyas	tu as envoyé	tu avais envoyé
il envoya	il a envoyé	il avait envoyé
nous envoyâmes	nous avons envoyé	nous avions envoyé
vous envoyâtes	vous avez envoyé	vous aviez envoyé
ils envoyèrent	ils ont envoyé	ils avaient envoyé

PAST ANTERIOR	**FUTURE PERFECT**
j'eus envoyé *etc*	j'aurai envoyé *etc*

CONDITIONAL

IMPERATIVE

PRESENT	**PAST**	
j'enverrais	j'aurais envoyé	envoie
tu enverrais	tu aurais envoyé	envoyons
il enverrait	il aurait envoyé	envoyez
nous enverrions	nous aurions envoyé	
vous enverriez	vous auriez envoyé	
ils enverraient	ils auraient envoyé	

SUBJUNCTIVE

PRESENT	**IMPERFECT**	**PERFECT**
j'envoie	j'envoyasse	j'aie envoyé
tu envoies	tu envoyasses	tu aies envoyé
il envoie	il envoyât	il ait envoyé
nous envoyions	nous envoyassions	nous ayons envoyé
vous envoyiez	vous envoyassiez	vous ayez envoyé
ils envoient	ils envoyassent	ils aient envoyé

INFINITIVE

PARTICIPLE

PRESENT	**PRESENT**
envoyer	envoyant

PAST	**PAST**
avoir envoyé	envoyé

PRESENT
j'espère
tu espères
il espère
nous espérons
vous espérez
ils espèrent

IMPERFECT
j'espérais
tu espérais
il espérait
nous espérions
vous espériez
ils espéraient

FUTURE
j'espérerai
tu espéreras
il espérera
nous espérerons
vous espérerez
ils espéreront

PAST HISTORIC
j'espérai
tu espéras
il espéra
nous espérâmes
vous espérâtes
ils espérèrent

PERFECT
j'ai espéré
tu as espéré
il a espéré
nous avons espéré
vous avez espéré
ils ont espéré

PLUPERFECT
j'avais espéré
tu avais espéré
il avait espéré
nous avions espéré
vous aviez espéré
ils avaient espéré

PAST ANTERIOR
j'eus espéré *etc*

FUTURE PERFECT
j'aurai espéré *etc*

CONDITIONAL

IMPERATIVE

PRESENT
j'espérerais
tu espérerais
il espérerait
nous espérerions
vous espéreriez
ils espéreraient

PAST
j'aurais espéré
tu aurais espéré
il aurait espéré
nous aurions espéré
vous auriez espéré
ils auraient espéré

espère
espérons
espérez

SUBJUNCTIVE

PRESENT
j'espère
tu espères
il espère
nous espérions
vous espériez
ils espèrent

IMPERFECT
j'espérasse
tu espérasses
il espérât
nous espérassions
vous espérassiez
ils espérassent

PERFECT
j'aie espéré
tu aies espéré
il ait espéré
nous ayons espéré
vous ayez espéré
ils aient espéré

INFINITIVE

PARTICIPLE

PRESENT
espérer

PRESENT
espérant

PAST
avoir espéré

PAST
espéré

PRESENT	IMPERFECT	FUTURE
je suis	j'étais	je serai
tu es	tu étais	tu seras
il est	il était	il sera
nous sommes	nous étions	nous serons
vous êtes	vous étiez	vous serez
ils sont	ils étaient	ils seront

PAST HISTORIC	PERFECT	PLUPERFECT
je fus	j'ai été	j'avais été
tu fus	tu as été	tu avais été
il fut	il a été	il avait été
nous fûmes	nous avons été	nous avions été
vous fûtes	vous avez été	vous aviez été
ils furent	ils ont été	ils avaient été

PAST ANTERIOR	FUTURE PERFECT	
j'eus été *etc*	j'aurai été *etc*	

CONDITIONAL

IMPERATIVE

PRESENT	PAST	
je serais	j'aurais été	espère
tu serais	tu aurais été	espérons
il serait	il aurait été	espérez
nous serions	nous aurions été	
vous seriez	vous auriez été	
ils seraient	ils auraient été	

SUBJUNCTIVE

PRESENT	IMPERFECT	PERFECT
je sois	je fusse	j'aie été
tu sois	tu fusses	tu aies été
il soit	il fût	il ait été
nous soyons	nous fussions	nous ayons été
vous soyez	vous fussiez	vous ayez été
ils soient	ils fussent	ils aient été

INFINITIVE

PARTICIPLE

PRESENT	PRESENT
être	étant

PAST	PAST
avoir été	été

PRESENT	**IMPERFECT**	**FUTURE**
j'étudie	j'étudiais	j'étudierai
tu étudies	tu étudiais	tu étudieras
il étudie	il étudiait	il étudiera
nous étudions	nous étudiions	nous étudierons
vous étudiez	vous étudiiez	vous étudierez
ils étudient	ils étudiaient	ils étudieront

PAST HISTORIC	**PERFECT**	**PLUPERFECT**
j'étudiai	j'ai étudié	j'avais étudié
tu étudias	tu as étudié	tu avais étudié
il étudia	il a étudié	il avait étudié
nous étudiâmes	nous avons étudié	nous avions étudié
vous étudiâtes	vous avez étudié	vous aviez étudié
ils étudièrent	ils ont étudié	ils avaient étudié

PAST ANTERIOR	**FUTURE PERFECT**	
j'eus étudié *etc*	j'aurai étudié *etc*	

CONDITIONAL

IMPERATIVE

PRESENT	**PAST**	
j'étudierais	j'aurais étudié	étudie
tu étudierais	tu aurais étudié	étudions
il étudierait	il aurait étudié	étudiez
nous étudierions	nous aurions étudié	
vous étudieriez	vous auriez étudié	
ils étudieraient	ils auraient étudié	

SUBJUNCTIVE

PRESENT	**IMPERFECT**	**PERFECT**
j'étudie	j'étudiasse	j'aie étudié
tu étudies	tu étudiasses	tu ales étudié
il étudie	il étudiât	il ait étudié
nous étudiions	nous étudiassions	nous ayons étudié
vous étudiiez	vous étudiassiez	vous ayez étudié
ils étudient	ils étudiassent	ils aient étudié

INFINITIVE

PARTICIPLE

PRESENT	**PRESENT**
étudier	étudiant

PAST	**PAST**
avoir étudié	étudié

PRESENT	IMPERFECT	FUTURE
je m'évanouis	je m'évanouissais	je m'évanouirai
tu t'évanouis	tu t'évanouissais	tu t'évanouiras
il s'évanouit	il s'évanouissait	il s'évanouira
nous nous évanouissons	nous nous évanouissions	nous nous évanouirons
vous vous évanouissez	vous vous évanouissiez	vous vous évanouirez
ils s'évanouissent	ils s'évanouissaient	ils s'évanouiront

PAST HISTORIC	PERFECT	PLUPERFECT
je m'évanouis	je me suis évanoui	je m'étais évanoui
tu t'évanouis	tu t'es évanoui	tu t'étais évanoui
il s'évanouit	il s'est évanoui	il s'était évanoui
nous nous évanouîmes	nous ns. sommes évanouis	nous nous étions évanouis
vous vous évanouîtes	vous vs. êtes évanoui(s)	vous vous étiez évanoui(s)
ils s'évanouirent	ils se sont évanouis	ils s'étaient évanouis

PAST ANTERIOR	FUTURE PERFECT	
je me fus évanoui *etc*	je me serai évanoui *etc*	

CONDITIONAL

PRESENT	PAST
je m'évanouirais	je me serais évanoui
tu t'évanouirais	tu te serais évanoui
il s'évanouirait	il se serait évanoui
nous nous évanouirions	nous nous serions évanouis
vous vous évanouiriez	vous vous seriez évanoui(s)
ils s'évanouiraient	ils se seraient évanouis

IMPERATIVE

évanouis-toi
évanouissons-nous
évanouissez-vous

SUBJUNCTIVE

PRESENT	IMPERFECT	PERFECT
je m'évanouisse	je m'évanouisse	je me sois évanoui
tu t'évanouisses	tu t'évanouisses	tu te sois évanoui
il s'évanouisse	il s'évanouît	il se soit évanoui
nous nous évanouissions	nous nous évanouissions	nous nous soyons évanouis
vous vous évanouissiez	vous vous évanouissiez	vous vous soyez évanoui(s)
ils s'évanouissent	ils s'évanouissent	ils se soient évanouis

INFINITIVE

PRESENT
s'évanouir

PAST
s'être évanoui

PARTICIPLE

PRESENT
s'évanouissant

PAST
évanoui

PRESENT
j'exècre
tu exècres
il exècre
nous exécrons
vous exécrez
ils exècrent

IMPERFECT
j'exécrais
tu exécrais
il exécrait
nous exécrions
vous exécriez
ils exécraient

FUTURE
j'exécrerai
tu exécreras
il exécrera
nous exécrerons
vous exécrerez
ils exécreront

PAST HISTORIC
j'exécrai
tu exécras
il exécra
nous exécrâmes
vous exécrâtes
ils exécrèrent

PERFECT
j'ai exécré
tu as exécré
il a exécré
nous avons exécré
vous avez exécré
ils ont exécré

PLUPERFECT
j'avais exécré
tu avais exécré
il avait exécré
nous avions exécré
vous aviez exécré
ils avaient exécré

PAST ANTERIOR
j'eus exécré *etc*

FUTURE PERFECT
j'aurai exécré *etc*

CONDITIONAL

PRESENT
j'exécrerais
tu exécrerais
il exécrerait
nous exécrerions
vous exécreriez
ils exécreraient

PAST
j'aurais exécré
tu aurais exécré
il aurait exécré
nous aurions exécré
vous auriez exécré
ils auraient exécré

IMPERATIVE

exècre
exécrons
exécrez

SUBJUNCTIVE

PRESENT
j'exècre
tu exècres
il exècre
nous exécrions
vous exécriez
Ils exècrent

IMPERFECT
j'exécrasse
tu exécrasses
il exécrât
nous exécrassions
vous exécrassiez
ils exécrassent

PERFECT
j'aie exécré
tu aies exécré
il ait exécré
nous ayons exécré
vous ayez exécré
ils aient exécré

INFINITIVE

PRESENT
exécrer

PAST
avoir exécré

PARTICIPLE

PRESENT
exécrant

PAST
exécré

FAILLIR
89 _to fail; to nearly (do something)_

PRESENT	IMPERFECT	FUTURE
		je faillirai
		tu failliras
		il faillira
		nous faillirons
		vous faillirez
		ils failliront

PAST HISTORIC	PERFECT	PLUPERFECT
je faillis	j'ai failli	j'avais failli
tu faillis	tu as failli	tu avais failli
il faillit	il a failli	il avait failli
nous faillîmes	nous avons failli	nous avions failli
vous faillîtes	vous avez failli	vous aviez failli
ils faillirent	ils ont failli	ils avaient failli

PAST ANTERIOR	FUTURE PERFECT	
j'eus failli _etc_	j'aurai failli _etc_	

CONDITIONAL

IMPERATIVE

PRESENT	PAST
je faillirais	j'aurais failli
tu faillirais	tu aurais failli
il faillirait	il aurait failli
nous faillirions	nous aurions failli
vous failliriez	vous auriez failli
ils failliraient	ils auraient failli

SUBJUNCTIVE

PRESENT	IMPERFECT	PERFECT
		j'aie failli
		tu aies failli
		il ait failli
		nous ayons failli
		vous ayez failli
		ils aient failli

INFINITIVE	PARTICIPLE	NOTE
PRESENT	**PRESENT**	j'ai failli tomber = I
faillir		nearly fell
PAST	**PAST**	
avoir failli	failli	

PRESENT	IMPERFECT	FUTURE
je fais	je faisais	je ferai
tu fais	tu faisais	tu feras
il fait	il faisait	il fera
nous faisons	nous faisions	nous ferons
vous faites	vous faisiez	vous ferez
ils font	ils faisaient	ils feront

PAST HISTORIC	PERFECT	PLUPERFECT
je fis	j'ai fait	j'avais fait
tu fis	tu as fait	tu avais fait
il fit	il a fait	il avait fait
nous fîmes	nous avons fait	nous avions fait
vous fîtes	vous avez fait	vous aviez fait
ils firent	ils ont fait	ils avaient fait

PAST ANTERIOR	FUTURE PERFECT
j'eus fait *etc*	j'aurai fait *etc*

CONDITIONAL

PRESENT	PAST	IMPERATIVE
je ferais	j'aurais fait	fais
tu ferais	tu aurais fait	faisons
il ferait	il aurait fait	faites
nous ferions	nous aurions fait	
vous feriez	vous auriez fait	
ils feraient	ils auraient fait	

SUBJUNCTIVE

PRESENT	IMPERFECT	PERFECT
je fasse	je fisse	j'aie fait
tu fasses	tu fisses	tu aies fait
il fasse	il fît	il ait fait
nous fassions	nous fissions	nous ayons fait
vous fassiez	vous fissiez	vous ayez fait
ils fassent	ils fissent	ils aient fait

INFINITIVE / PARTICIPLE

PRESENT	PRESENT
faire	faisant
PAST	PAST
avoir fait	fait

PRESENT	**IMPERFECT**	**FUTURE**
il faut	il fallait	il faudra

PAST HISTORIC	**PERFECT**	**PLUPERFECT**
il fallut	il a fallu	il avait fallu

PAST ANTERIOR	**FUTURE PERFECT**	
il eut fallu	il aura fallu	

CONDITIONAL		*IMPERATIVE*
PRESENT	**PAST**	
il faudrait	il aurait fallu	

SUBJUNCTIVE		
PRESENT	**IMPERFECT**	**PERFECT**
il faille	il fallût	il ait fallu

INFINITIVE	*PARTICIPLE*	
PRESENT	**PRESENT**	
PAST	**PAST**	
avoir fallu	fallu	

PRESENT	**IMPERFECT**	**FUTURE**
je finis	je finissais	je finirai
tu finis	tu finissais	tu finiras
il finit	il finissait	il finira
nous finissons	nous finissions	nous finirons
vous finissez	vous finissiez	vous finirez
ils finissent	ils finissaient	ils finiront

PAST HISTORIC	**PERFECT**	**PLUPERFECT**
je finis	j'ai fini	j'avais fini
tu finis	tu as fini	tu avais fini
il finit	il a fini	il avait fini
nous finîmes	nous avons fini	nous avions fini
vous finîtes	vous avez fini	vous aviez fini
ils finirent	ils ont fini	ils avaient fini

PAST ANTERIOR	**FUTURE PERFECT**
j'eus fini *etc*	j'aurai fini *etc*

CONDITIONAL

		IMPERATIVE
je finirais	j'aurais fini	finis
tu finirais	tu aurais fini	finissons
il finirait	il aurait fini	finissez
nous finirions	nous aurions fini	
vous finiriez	vous auriez fini	
ils finiraient	ils auraient fini	

SUBJUNCTIVE

PRESENT	**IMPERFECT**	**PERFECT**
je finisse	je finisse	j'aie fini
tu finisses	tu finisses	tu aies fini
il finisse	il finît	il ait fini
nous finissions	nous finissions	nous ayons fini
vous finissiez	vous finissiez	vous ayez fini
ils finissent	ils finissent	ils aient fini

INFINITIVE

	PARTICIPLE
PRESENT	**PRESENT**
finir	finissant
PAST	**PAST**
avoir fini	fini

PRESENT	IMPERFECT	FUTURE
je fouille	je fouillais	je fouillerai
tu fouilles	tu fouillais	tu fouilleras
il fouille	il fouillait	il fouillera
nous fouillons	nous fouillions	nous fouillerons
vous fouillez	vous fouilliez	vous fouillerez
ils fouillent	ils fouillaient	ils fouilleront

PAST HISTORIC	PERFECT	PLUPERFECT
je fouillai	j'ai fouillé	j'avais fouillé
tu fouillas	tu as fouillé	tu avais fouillé
il fouilla	il a fouillé	il avait fouillé
nous fouillâmes	nous avons fouillé	nous avions fouillé
vous fouillâtes	vous avez fouillé	vous aviez fouillé
ils fouillèrent	ils ont fouillé	ils avaient fouillé

PAST ANTERIOR	FUTURE PERFECT
j'eus fouillé *etc*	j'aurai fouillé *etc*

CONDITIONAL

PRESENT	PAST
je fouillerais	j'aurais fouillé
tu fouillerais	tu aurais fouillé
il fouillerait	il aurait fouillé
nous fouillerions	nous aurions fouillé
vous fouilleriez	vous auriez fouillé
ils fouilleraient	ils auraient fouillé

IMPERATIVE

fouille
fouillons
fouillez

SUBJUNCTIVE

PRESENT	IMPERFECT	PERFECT
je fouille	je fouillasse	j'aie fouillé
tu fouilles	tu fouillasses	tu aies fouillé
il fouille	il fouillât	il ait fouillé
nous fouillions	nous fouillassions	nous ayons fouillé
vous fouilliez	vous fouillassiez	vous ayez fouillé
ils fouillent	ils fouillassent	ils aient fouillé

INFINITIVE

PARTICIPLE

PRESENT	PRESENT
fouiller	fouillant

PAST	PAST
avoir fouillé	fouillé

PRESENT	**IMPERFECT**	**FUTURE**
je fous	je foutais	je foutrai
tu fous	tu foutais	tu foutras
il fout	il foutait	il foutra
nous foutons	nous foutions	nous foutrons
vous foutez	vous foutiez	vous foutrez
ils foutent	ils foutaient	ils foutront

PAST HISTORIC	**PERFECT**	**PLUPERFECT**
	j'ai foutu	j'avais foutu
	tu as foutu	tu avais foutu
	il a foutu	il avait foutu
	nous avons foutu	nous avions foutu
	vous avez foutu	vous aviez foutu
	ils ont foutu	ils avaient foutu

PAST ANTERIOR	**FUTURE PERFECT**	
j'eus foutu *etc*	j'aurai foutu *etc*	

CONDITIONAL

IMPERATIVE

PRESENT	**PAST**	
je foutrais	j'aurais foutu	fous
tu foutrais	tu aurais foutu	foutons
il foutrait	il aurait foutu	foutez
nous foutrions	nous aurions foutu	
vous foutriez	vous auriez foutu	
ils foutraient	ils auraient foutu	

SUBJUNCTIVE

PRESENT	**IMPERFECT**	**PERFECT**
je foute		j'aie foutu
tu foutes		tu aies foutu
il foute		il ait foutu
nous foutions		nous ayons foutu
vous foutiez		vous ayez foutu
ils foutent		ils aient foutu

INFINITIVE

PARTICIPLE

PRESENT	**PRESENT**
foutre	foutant

PAST	**PAST**
avoir foutu	foutu

FRIRE
95 *to fry*

PRESENT	IMPERFECT	FUTURE
je fris		
tu fris		
il frit		

PAST HISTORIC	PERFECT	PLUPERFECT
	j'ai frit	j'avais frit
	tu as frit	tu avais frit
	il a frit	il avait frit
	nous avons frit	nous avions frit
	vous avez frit	vous aviez frit
	ils ont frit	ils avaient frit

PAST ANTERIOR	FUTURE PERFECT
j'eus frit *etc*	j'aurai frit *etc*

CONDITIONAL		IMPERATIVE

PRESENT	PAST	
	j'aurais frit	fris
	tu aurais frit	
	il aurait frit	
	nous aurions frit	
	vous auriez frit	
	ils auraient frit	

SUBJUNCTIVE		

PRESENT	IMPERFECT	PERFECT
		j'aie frit
		tu aies frit
		il ait frit
		nous ayons frit
		vous ayez frit
		ils aient frit

INFINITIVE	PARTICIPLE

PRESENT	PRESENT
frire	

PAST	PAST
avoir frit	frit

PRESENT
je fuis
tu fuis
il fuit
nous fuyons
vous fuyez
ils fuient

IMPERFECT
je fuyais
tu fuyais
il fuyait
nous fuyions
vous fuyiez
ils fuyaient

FUTURE
je fuirai
tu fuiras
il fuira
nous fuirons
vous fuirez
ils fuiront

PAST HISTORIC
je fuis
tu fuis
il fuit
nous fuîmes
vous fuîtes
ils fuirent

PERFECT
j'ai fui
tu as fui
il a fui
nous avons fui
vous avez fui
ils ont fui

PLUPERFECT
j'avais fui
tu avais fui
il avait fui
nous avions fui
vous aviez fui
ils avaient fui

PAST ANTERIOR
j'eus fui *etc*

FUTURE PERFECT
j'aurai fui *etc*

CONDITIONAL

PRESENT
je fuirais
tu fuirais
il fuirait
nous fuirions
vous fuiriez
ils fuiraient

PAST
j'aurais fui
tu aurais fui
il aurait fui
nous aurions fui
vous auriez fui
ils auraient fui

IMPERATIVE

fuis
fuyons
fuyez

SUBJUNCTIVE

PRESENT
je fuie
tu fuies
il fuie
nous fuyions
vous fuyiez
ils fuient

IMPERFECT
je fuisse
tu fuisses
il fuît
nous fuissions
vous fuissiez
ils fuissent

PERFECT
j'aie fui
tu aies fui
il ait fui
nous ayons fui
vous ayez fui
ils aient fui

INFINITIVE

PRESENT
fuir

PAST
avoir fui

PARTICIPLE

PRESENT
fuyant

PAST
fui

PRESENT
je gagne
tu gagnes
il gagne
nous gagnons
vous gagnez
ils gagnent

IMPERFECT
je gagnais
tu gagnais
il gagnait
nous gagnions
vous gagniez
ils gagnaient

FUTURE
je gagnerai
tu gagneras
il gagnera
nous gagnerons
vous gagnerez
ils gagneront

PAST HISTORIC
je gagnai
tu gagnas
il gagna
nous gagnâmes
vous gagnâtes
ils gagnèrent

PERFECT
j'ai gagné
tu as gagné
il a gagné
nous avons gagné
vous avez gagné
ils ont gagné

PLUPERFECT
j'avais gagné
tu avais gagné
il avait gagné
nous avions gagné
vous aviez gagné
ils avaient gagné

PAST ANTERIOR
j'eus gagné *etc*

FUTURE PERFECT
j'aurai gagné *etc*

CONDITIONAL

PRESENT
je gagnerais
tu gagnerais
il gagnerait
nous gagnerions
vous gagneriez
ils gagneraient

PAST
j'aurais gagné
tu aurais gagné
il aurait gagné
nous aurions gagné
vous auriez gagné
ils auraient gagné

IMPERATIVE

gagne
gagnons
gagnez

SUBJUNCTIVE

PRESENT
je gagne
tu gagnes
il gagne
nous gagnions
vous gagniez
ils gagnent

IMPERFECT
je gagnasse
tu gagnasses
il gagnât
nous gagnassions
vous gagnassiez
ils gagnassent

PERFECT
j'aie gagné
tu aies gagné
il ait gagné
nous ayons gagné
vous ayez gagné
ils aient gagné

INFINITIVE

PRESENT
gagner

PAST
avoir gagné

PARTICIPLE

PRESENT
gagnant

PAST
gagné

PRESENT	IMPERFECT	FUTURE
je gis	je gisais	
tu gis	tu gisais	
il gît	il gisait	
nous gisons	nous gisions	
vous gisez	vous gisiez	
ils gisent	ils gisaient	

PAST HISTORIC	PERFECT	PLUPERFECT

PAST ANTERIOR	FUTURE PERFECT	

CONDITIONAL | IMPERATIVE

PRESENT	PAST

SUBJUNCTIVE

PRESENT	IMPERFECT	PERFECT

INFINITIVE | PARTICIPLE

PRESENT	PRESENT
gésir	gisant

PAST	PAST

123

PRESENT	IMPERFECT	FUTURE
je hais	je haïssais	je haïrai
tu hais	tu haïssais	tu haïras
il hait	il haïssait	il haïra
nous haïssons	nous haïssions	nous haïrons
vous haïssez	vous haïssiez	vous haïrez
ils haïssent	ils haïssaient	ils haïront

PAST HISTORIC	PERFECT	PLUPERFECT
je haïs	j'ai haï	j'avais haï
tu haïs	tu as haï	tu avais haï
il haït	il a haï	il avait haï
nous haïmes	nous avons haï	nous avions haï
vous haïtes	vous avez haï	vous aviez haï
ils haïrent	ils ont haï	ils avaient haï

PAST ANTERIOR	FUTURE PERFECT	
j'eus haï *etc*	j'aurai haï *etc*	

CONDITIONAL

IMPERATIVE

PRESENT	PAST	
je haïrais	j'aurais haï	hais
tu haïrais	tu aurais haï	haïssons
il haïrait	il aurait haï	haïssez
nous haïrions	nous aurions haï	
vous haïriez	vous auriez haï	
ils haïraient	ils auraient haï	

SUBJUNCTIVE

PRESENT	IMPERFECT	PERFECT
je haïsse	je haïsse	j'aie haï
tu haïsses	tu haïsses	tu aies haï
il haïsse	il haït	il ait haï
nous haïssions	nous haïssions	nous ayons haï
vous haïssiez	vous haïssiez	vous ayez haï
ils haïssent	ils haïssent	ils aient haï

INFINITIVE

PARTICIPLE

PRESENT	PRESENT
haïr	haïssant

PAST	PAST
avoir haï	haï

PRESENT	IMPERFECT	FUTURE
j'hésite	j'hésitais	j'hésiterai
tu hésites	tu hésitais	tu hésiteras
il hésite	il hésitait	il hésitera
nous hésitons	nous hésitions	nous hésiterons
vous hésitez	vous hésitiez	vous hésiterez
ils hésitent	ils hésitaient	ils hésiteront

PAST HISTORIC	PERFECT	PLUPERFECT
j'hésitai	j'ai hésité	j'avais hésité
tu hésitas	tu as hésité	tu avais hésité
il hésita	il a hésité	il avait hésité
nous hésitâmes	nous avons hésité	nous avions hésité
vous hésitâtes	vous avez hésité	vous aviez hésité
ils hésitèrent	ils ont hésité	ils avaient hésité

PAST ANTERIOR	FUTURE PERFECT
j'eus hésité *etc*	j'aurai hésité *etc*

CONDITIONAL		IMPERATIVE

PRESENT	PAST	
j'hésiterais	j'aurais hésité	hésite
tu hésiterais	tu aurais hésité	hésitons
il hésiterait	il aurait hésité	hésitez
nous hésiterions	nous aurions hésité	
vous hésiteriez	vous auriez hésité	
ils hésiteraient	ils auraient hésité	

SUBJUNCTIVE

PRESENT	IMPERFECT	PERFECT
j'hésite	j'hésitasse	j'aie hésité
tu hésites	tu hésitasses	tu aies hésité
il hésite	il hésitât	il ait hésité
nous hésitions	nous hésitassions	nous ayons hésité
vous hésitiez	vous hésitassiez	vous ayez hésité
ils hésitent	ils hésitassent	ils aient hésité

INFINITIVE	PARTICIPLE

PRESENT	PRESENT
hésiter	hésitant

PAST	PAST
avoir hésité	hésité

HURLER
101 *to yell*

PRESENT	IMPERFECT	FUTURE
je hurle	je hurlais	je hurlerai
tu hurles	tu hurlais	tu hurleras
il hurle	il hurlait	il hurlera
nous hurlons	nous hurlions	nous hurlerons
vous hurlez	vous hurliez	vous hurlerez
ils hurlent	ils hurlaient	ils hurleront

PAST HISTORIC	PERFECT	PLUPERFECT
je hurlai	j'ai hurlé	j'avais hurlé
tu hurlas	tu as hurlé	tu avais hurlé
il hurla	il a hurlé	il avait hurlé
nous hurlâmes	nous avons hurlé	nous avions hurlé
vous hurlâtes	vous avez hurlé	vous aviez hurlé
ils hurlèrent	ils ont hurlé	ils avaient hurlé

PAST ANTERIOR	FUTURE PERFECT
j'eus hurlé *etc*	j'aurai hurlé *etc*

CONDITIONAL

		IMPERATIVE
PRESENT	PAST	
je hurlerais	j'aurais hurlé	hurle
tu hurlerais	tu aurais hurlé	hurlons
il hurlerait	il aurait hurlé	hurlez
nous hurlerions	nous aurions hurlé	
vous hurleriez	vous auriez hurlé	
ils hurleraient	ils auraient hurlé	

SUBJUNCTIVE

PRESENT	IMPERFECT	PERFECT
je hurle	je hurlasse	j'aie hurlé
tu hurles	tu hurlasses	tu aies hurlé
il hurle	il hurlât	il ait hurlé
nous hurlions	nous hurlassions	nous ayons hurlé
vous hurliez	vous hurlassiez	vous ayez hurlé
ils hurlent	ils hurlassent	ils aient hurlé

INFINITIVE

	PARTICIPLE
PRESENT	PRESENT
hurler	hurlant
PAST	PAST
avoir hurlé	hurlé

PRESENT
j'inclus
tu inclus
il inclut
nous incluons
vous incluez
ils incluent

IMPERFECT
j'incluais
tu incluais
il incluait
nous incluions
vous incluiez
ils incluaient

FUTURE
j'inclurai
tu incluras
il inclura
nous inclurons
vous inclurez
ils incluront

PAST HISTORIC
j'inclus
tu inclus
il inclut
nous inclûmes
vous inclûtes
ils inclurent

PERFECT
j'ai inclus
tu as inclus
il a inclus
nous avons inclus
vous avez inclus
ils ont inclus

PLUPERFECT
j'avais inclus
tu avais inclus
il avait inclus
nous avions inclus
vous aviez inclus
ils avaient inclus

PAST ANTERIOR
j'eus inclus *etc*

FUTURE PERFECT
j'aurai inclus *etc*

CONDITIONAL

PRESENT
j'inclurais
tu inclurais
il inclurait
nous inclurions
vous incluriez
ils incluraient

PAST
j'aurais inclus
tu aurais inclus
il aurait inclus
nous aurions inclus
vous auriez inclus
ils auraient inclus

IMPERATIVE

inclus
incluons
incluez

SUBJUNCTIVE

PRESENT
j'inclue
tu inclues
il inclue
nous incluions
vous incluiez
ils incluent

IMPERFECT
j'inclusse
tu inclusses
il inclût
nous inclussions
vous inclussiez
ils inclussent

PERFECT
j'aie inclus
tu aies inclus
il ait inclus
nous ayons inclus
vous ayez inclus
ils aient inclus

INFINITIVE

PRESENT
inclure

PAST
avoir inclus

PARTICIPLE

PRESENT
incluant

PAST
inclus

INDIQUER
103 *to indicate*

PRESENT	IMPERFECT	FUTURE
j'indique	j'indiquais	j'indiquerai
tu indiques	tu indiquais	tu indiqueras
il indique	il indiquait	il indiquera
nous indiquons	nous indiquions	nous indiquerons
vous indiquez	vous indiquiez	vous indiquerez
ils indiquent	ils indiquaient	ils indiqueront

PAST HISTORIC	PERFECT	PLUPERFECT
j'indiquai	j'ai indiqué	j'avais indiqué
tu indiquas	tu as indiqué	tu avais indiqué
il indiqua	il a indiqué	il avait indiqué
nous indiquâmes	nous avons indiqué	nous avions indiqué
vous indiquâtes	vous avez indiqué	vous aviez indiqué
ils indiquèrent	ils ont indiqué	ils avaient indiqué

PAST ANTERIOR	FUTURE PERFECT
j'eus indiqué *etc*	j'aurai indiqué *etc*

CONDITIONAL

PRESENT	PAST
j'indiquerais	j'aurais indiqué
tu indiquerais	tu aurais indiqué
il indiquerait	il aurait indiqué
nous indiquerions	nous aurions indiqué
vous indiqueriez	vous auriez indiqué
ils indiqueraient	ils auraient indiqué

IMPERATIVE

indique
indiquons
indiquez

SUBJUNCTIVE

PRESENT	IMPERFECT	PERFECT
j'indique	j'indiquasse	j'aie indiqué
tu indiques	tu indiquasses	tu aies indiqué
il indique	il indiquât	il ait indiqué
nous indiquions	nous indiquassions	nous ayons indiqué
vous indiquiez	vous indiquassiez	vous ayez indiqué
ils indiquent	ils indiquassent	ils aient indiqué

INFINITIVE

PRESENT
indiquer

PAST
avoir indiqué

PARTICIPLE

PRESENT
indiquant

PAST
indiqué

PRESENT
j'intègre
tu intègres
il intègre
nous intégrons
vous intégrez
ils intègrent

IMPERFECT
j'intégrais
tu intégrais
il intégrait
nous intégrions
vous intégriez
ils intégraient

FUTURE
j'intégrerai
tu intégreras
il intégrera
nous intégrerons
vous intégrerez
ils intégreront

PAST HISTORIC
j'intégrai
tu intégras
il intégra
nous intégrâmes
vous intégrâtes
ils intégrèrent

PERFECT
j'ai intégré
tu as intégré
il a intégré
nous avons intégré
vous avez intégré
ils ont intégré

PLUPERFECT
j'avais intégré
tu avais intégré
il avait intégré
nous avions intégré
vous aviez intégré
ils avaient intégré

PAST ANTERIOR
j'eus intégré *etc*

FUTURE PERFECT
j'aurai intégré *etc*

CONDITIONAL

PRESENT
j'intégrerais
tu intégrerais
il intégrerait
nous intégrerions
vous intégreriez
ils intégreraient

PAST
j'aurais intégré
tu aurais intégré
il aurait intégré
nous aurions intégré
vous auriez intégré
ils auraient intégré

IMPERATIVE

intègre
intégrons
intégrez

SUBJUNCTIVE

PRESENT
j'intègre
tu intègres
il intègre
nous intégrions
vous intégriez
ils intègrent

IMPERFECT
j'intégrasse
tu intégrasses
il intégrât
nous intégrassions
vous intégrassiez
ils intégrassent

PERFECT
j'aie intégré
tu aies intégré
il ait intégré
nous ayons intégré
vous ayez intégré
ils aient intégré

INFINITIVE

PRESENT
intégrer

PAST
avoir intégré

PARTICIPLE

PRESENT
intégrant

PAST
intégré

INTERDIRE
105 *to forbid*

PRESENT
j'interdis
tu interdis
il interdit
nous interdisons
vous interdisez
ils interdisent

IMPERFECT
j'interdisais
tu interdisais
il interdisait
nous interdisions
vous interdisiez
ils interdisaient

FUTURE
j'interdirai
tu interdiras
il interdira
nous interdirons
vous interdirez
ils interdiront

PAST HISTORIC
j'interdis
tu interdis
il interdites
nous interdîmes
vous interdîtes
ils interdirent

PERFECT
j'ai interdit
tu as interdit
il a interdit
nous avons interdit
vous avez interdit
ils ont interdit

PLUPERFECT
j'avais interdit
tu avais interdit
il avait interdit
nous avions interdit
vous aviez interdit
ils avaient interdit

PAST ANTERIOR
j'eus interdit *etc*

FUTURE PERFECT
j'aurai interdit *etc*

CONDITIONAL

IMPERATIVE

PRESENT
j'interdirais
tu interdirais
il interdirait
nous interdirions
vous interdiriez
ils interdiraient

PAST
j'aurais interdit
tu aurais interdit
il aurait interdit
nous aurions interdit
vous auriez interdit
ils auraient interdit

interdis
interdisons
interdisez

SUBJUNCTIVE

PRESENT
j'interdise
tu interdises
il interdise
nous interdisions
vous interdisiez
ils interdisent

IMPERFECT
j'interdisse
tu interdisses
il interdît
nous interdissions
vous interdissiez
ils interdissent

PERFECT
j'aie interdit
tu aies interdit
il ait interdit
nous ayons interdit
vous ayez interdit
ils aient interdit

INFINITIVE

PARTICIPLE

PRESENT
interdire

PRESENT
interdisant

PAST
avoir interdit

PAST
interdit

PRESENT
j'interpelle
tu interpelles
il interpelle
nous interpellons
vous interpellez
ils interpellent

IMPERFECT
j'interpellais
tu interpellais
il interpellait
nous interpellions
vous interpelliez
ils interpellaient

FUTURE
j'interpellerai
tu interpelleras
il interpellera
nous interpellerons
vous interpellerez
ils interpelleront

PAST HISTORIC
j'interpellai
tu interpellas
il interpella
nous interpellâmes
vous interpellâtes
ils interpellèrent

PERFECT
j'ai interpellé
tu as interpellé
il a interpellé
nous avons interpellé
vous avez interpellé
ils ont interpellé

PLUPERFECT
j'avais interpellé
tu avais interpellé
il avait interpellé
nous avions interpellé
vous aviez interpellé
ils avaient interpellé

PAST ANTERIOR
j'eus interpellé *etc*

FUTURE PERFECT
j'aurai interpellé *etc*

CONDITIONAL

PRESENT
j'interpellerais
tu interpellerais
il interpellerait
nous interpellerions
vous interpelleriez
ils interpelleraient

PAST
j'aurais interpellé
tu aurais interpellé
il aurait interpellé
nous aurions interpellé
vous auriez interpellé
ils auraient interpellé

IMPERATIVE

interpelle
interpellons
interpellez

SUBJUNCTIVE

PRESENT
j'interpelle
tu interpelles
il interpelle
nous interpellions
vous interpelliez
ils interpellent

IMPERFECT
j'interpellasse
tu interpellasses
il interpellât
nous interpellassions
vous interpellassiez
ils interpellassent

PERFECT
j'aie interpellé
tu aies interpellé
il ait interpellé
nous ayons interpellé
vous ayez interpellé
ils aient interpellé

INFINITIVE

PRESENT
interpeller

PAST
avoir interpellé

PARTICIPLE

PRESENT
interpellant

PAST
interpellé

PRESENT	IMPERFECT	FUTURE
j'introduis	j'introduisais	j'introduirai
tu introduis	tu introduisais	tu introduiras
il introduit	il introduisait	il introduira
nous introduisons	nous introduisions	nous introduirons
vous introduisez	vous introduisiez	vous introduirez
ils introduisent	ils introduisaient	ils introduiront

PAST HISTORIC	PERFECT	PLUPERFECT
j'introduisis	j'ai introduit	j'avais introduit
tu introduisis	tu as introduit	tu avais introduit
il introduisit	il a introduit	il avait introduit
nous introduisîmes	nous avons introduit	nous avions introduit
vous introduisîtes	vous avez introduit	vous aviez introduit
ils introduisirent	ils ont introduit	ils avaient introduit

PAST ANTERIOR	FUTURE PERFECT
j'eus introduit *etc*	j'aurai introduit *etc*

CONDITIONAL

IMPERATIVE

PRESENT	PAST	
j'introduirais	j'aurais introduit	introduis
tu introduirais	tu aurais introduit	introduisons
il introduirait	il aurait introduit	introduisez
nous introduirions	nous aurions introduit	
vous introduiriez	vous auriez introduit	
ils introduiraient	ils auraient introduit	

SUBJUNCTIVE

PRESENT	IMPERFECT	PERFECT
j'introduise	j'introduisisse	j'aie introduit
tu introduises	tu introduisisses	tu aies introduit
il introduise	il introduisît	il ait introduit
nous introduisions	nous introduisissions	nous ayons introduit
vous introduisiez	vous introduisissiez	vous ayez introduit
ils introduisent	ils introduisissent	ils aient introduit

INFINITIVE

PARTICIPLE

PRESENT	PRESENT
introduire	introduisant

PAST	PAST
avoir introduit	introduit

PRESENT	IMPERFECT	FUTURE
je jette	je jetais	je jetterai
tu jettes	tu jetais	tu jetteras
il jette	il jetait	il jettera
nous jetons	nous jetions	nous jetterons
vous jetez	vous jetiez	vous jetterez
ils jettent	ils jetaient	ils jetteront

PAST HISTORIC	PERFECT	PLUPERFECT
je jetai	j'ai jeté	j'avais jeté
tu jetas	tu as jeté	tu avais jeté
il jeta	il a jeté	il avait jeté
nous jetâmes	nous avons jeté	nous avions jeté
vous jetâtes	vous avez jeté	vous aviez jeté
ils jetèrent	ils ont jeté	ils avaient jeté

PAST ANTERIOR	FUTURE PERFECT
j'eus jeté *etc*	j'aurai jeté *etc*

CONDITIONAL

IMPERATIVE

PRESENT	PAST	
je jetterais	j'aurais jeté	jette
tu jetterais	tu aurais jeté	jetons
il jetterait	il aurait jeté	jetez
nous jetterions	nous aurions jeté	
vous jetteriez	vous auriez jeté	
ils jetteraient	ils auraient jeté	

SUBJUNCTIVE

PRESENT	IMPERFECT	PERFECT
je jette	je jetasse	j'aie jeté
tu jettes	tu jetasses	tu aies jeté
il jette	il jetât	il ait jeté
nous jetions	nous jetassions	nous ayons jeté
vous jetiez	vous jetassiez	vous ayez jeté
ils jettent	ils jetassent	ils aient jeté

INFINITIVE

PARTICIPLE

PRESENT	PRESENT
jeter	jetant

PAST	PAST
avoir jeté	jeté

JOINDRE
109 *to join*

PRESENT	IMPERFECT	FUTURE
je joins	je joignais	je joindrai
tu joins	tu joignais	tu joindras
il joint	il joignait	il joindra
nous joignons	nous joignions	nous joindrons
vous joignez	vous joigniez	vous joindrez
ils joignent	ils joignaient	ils joindront

PAST HISTORIC	PERFECT	PLUPERFECT
je joignis	j'ai joint	j'avais joint
tu joignis	tu as joint	tu avais joint
il joignit	il a joint	il avait joint
nous joignîmes	nous avons joint	nous avions joint
vous joignîtes	vous avez joint	vous aviez joint
ils joignirent	ils ont joint	ils avaient joint

PAST ANTERIOR	FUTURE PERFECT
j'eus joint *etc*	j'aurai joint *etc*

CONDITIONAL

PRESENT	PAST
je joindrais	j'aurais joint
tu joindrais	tu aurais joint
il joindrait	il aurait joint
nous joindrions	nous aurions joint
vous joindriez	vous auriez joint
ils joindraient	ils auraient joint

IMPERATIVE

joins
joignons
joignez

SUBJUNCTIVE

PRESENT	IMPERFECT	PERFECT
je joigne	je joignisse	j'aie joint
tu joignes	tu joignisses	tu aies joint
il joigne	il joignît	il ait joint
nous joignions	nous joignissions	nous ayons joint
vous joigniez	vous joignissiez	vous ayez joint
ils joignent	ils joignissent	ils aient joint

INFINITIVE

PRESENT
joindre

PAST
avoir joint

PARTICIPLE

PRESENT
joignant

PAST
joint

NOTE

only the infinitive and the past participle of the verb oindre are used

PRESENT
je joue
tu joues
il joue
nous jouons
vous jouez
ils jouent

IMPERFECT
je jouais
tu jouais
il jouait
nous jouions
vous jouiez
ils jouaient

FUTURE
je jouerai
tu joueras
il jouera
nous jouerons
vous jouerez
ils joueront

PAST HISTORIC
je jouai
tu jouas
il joua
nous jouâmes
vous jouâtes
ils jouèrent

PERFECT
j'ai joué
tu as joué
il a joué
nous avons joué
vous avez joué
ils ont joué

PLUPERFECT
j'avais joué
tu avais joué
il avait joué
nous avions joué
vous aviez joué
ils avaient joué

PAST ANTERIOR
j'eus joué *etc*

FUTURE PERFECT
j'aurai joué *etc*

CONDITIONAL

PRESENT
je jouerais
tu jouerais
il jouerait
nous jouerions
vous joueriez
ils joueraient

PAST
j'aurais joué
tu aurais joué
il aurait joué
nous aurions joué
vous auriez joué
ils auraient joué

IMPERATIVE

joue
jouons
jouez

SUBJUNCTIVE

PRESENT
je joue
tu joues
il joue
nous jouions
vous jouiez
ils jouent

IMPERFECT
je jouasse
tu jouasses
il jouât
nous jouassions
vous jouassiez
ils jouassent

PERFECT
j'aie joué
tu aies joué
il ait joué
nous ayons joué
vous ayez joué
ils aient joué

INFINITIVE

PRESENT
jouer

PAST
avoir joué

PARTICIPLE

PRESENT
jouant

PAST
joué

PRESENT	IMPERFECT	FUTURE
je juge	je jugeais	je jugerai
tu juges	tu jugeais	tu jugeras
il juge	il jugeait	il jugera
nous jugeons	nous jugions	nous jugerons
vous jugez	vous jugiez	vous jugerez
ils jugent	ils jugeaient	ils jugeront

PAST HISTORIC	PERFECT	PLUPERFECT
je jugeai	j'ai jugé	j'avais jugé
tu jugeas	tu as jugé	tu avais jugé
il jugea	il a jugé	il avait jugé
nous jugeâmes	nous avons jugé	nous avions jugé
vous jugeâtes	vous avez jugé	vous aviez jugé
ils jugèrent	ils ont jugé	ils avaient jugé

PAST ANTERIOR	FUTURE PERFECT
j'eus jugé *etc*	j'aurai jugé *etc*

CONDITIONAL

IMPERATIVE

PRESENT	PAST	
je jugerais	j'aurais jugé	juge
tu jugerais	tu aurais jugé	jugeons
il jugerait	il aurait jugé	jugez
nous jugerions	nous aurions jugé	
vous jugeriez	vous auriez jugé	
ils jugeraient	ils auraient jugé	

SUBJUNCTIVE

PRESENT	IMPERFECT	PERFECT
je juge	je jugeasse	j'aie jugé
tu juges	tu jugeasses	tu aies jugé
il juge	il jugeât	il ait jugé
nous jugions	nous jugeassions	nous ayons jugé
vous jugiez	vous jugeassiez	vous ayez jugé
ils jugent	ils jugeassent	ils aient jugé

INFINITIVE

PARTICIPLE

PRESENT	PRESENT
juger	jugeant

PAST	PAST
avoir jugé	jugé

PRESENT
je lance
tu lances
il lance
nous lançons
vous lancez
ils lancent

IMPERFECT
je lançais
tu lançais
il lançait
nous lancions
vous lanciez
ils lançaient

FUTURE
je lancerai
tu lanceras
il lancera
nous lancerons
vous lancerez
ils lanceront

PAST HISTORIC
je lançai
tu lanças
il lança
nous lançâmes
vous lançâtes
ils lancèrent

PERFECT
j'ai lancé
tu as lancé
il a lancé
nous avons lancé
vous avez lancé
ils ont lancé

PLUPERFECT
j'avais lancé
tu avais lancé
il avait lancé
nous avions lancé
vous aviez lancé
ils avaient lancé

PAST ANTERIOR
j'eus lancé *etc*

FUTURE PERFECT
j'aurai lancé *etc*

CONDITIONAL

IMPERATIVE

PRESENT
je lancerais
tu lancerais
il lancerait
nous lancerions
vous lanceriez
ils lanceraient

PAST
j'aurais lancé
tu aurais lancé
il aurait lancé
nous aurions lancé
vous auriez lancé
ils auraient lancé

lance
lançons
lancez

SUBJUNCTIVE

PRESENT
je lance
tu lances
il lance
nous lancions
vous lanciez
ils lancent

IMPERFECT
je lançasse
tu lançasses
il lançât
nous lançassions
vous lançassiez
ils lançassent

PERFECT
j'aie lancé
tu aies lancé
il ait lancé
nous ayons lancé
vous ayez lancé
ils aient lancé

INFINITIVE

PARTICIPLE

PRESENT
lancer

PRESENT
lançant

PAST
avoir lancé

PAST
lancé

PRESENT	**IMPERFECT**	**FUTURE**
je lègue	je léguais	je léguerai
tu lègues	tu léguais	tu légueras
il lègue	il léguait	il léguera
nous léguons	nous léguions	nous léguerons
vous léguez	vous léguiez	vous léguerez
ils lèguent	ils léguaient	ils légueront

PAST HISTORIC	**PERFECT**	**PLUPERFECT**
je léguai	j'ai légué	j'avais légué
tu léguas	tu as légué	tu avais légué
il légua	il a légué	il avait légué
nous léguâmes	nous avons légué	nous avions légué
vous léguâtes	vous avez légué	vous aviez légué
ils léguèrent	ils ont légué	ils avaient légué

PAST ANTERIOR	**FUTURE PERFECT**	
j'eus légué *etc*	j'aurai légué *etc*	

CONDITIONAL		IMPERATIVE
PRESENT	**PAST**	
je léguerais	j'aurais légué	lègue
tu léguerais	tu aurais légué	léguons
il léguerait	il aurait légué	léguez
nous léguerions	nous aurions légué	
vous légueriez	vous auriez légué	
ils légueraient	ils auraient légué	

SUBJUNCTIVE		
PRESENT	**IMPERFECT**	**PERFECT**
je lègue	je léguasse	j'aie légué
tu lègues	tu léguasses	tu aies légué
il lègue	il léguât	il ait légué
nous léguions	nous léguassions	nous ayons légué
vous léguiez	vous léguassiez	vous ayez légué
ils lèguent	ils léguassent	ils aient légué

INFINITIVE	PARTICIPLE	
PRESENT	**PRESENT**	
léguer	léguant	
PAST	**PAST**	
avoir légué	légué	

PRESENT	**IMPERFECT**	**FUTURE**
je lèse	je lésais	je léserai
tu lèses	tu lésais	tu léseras
il lèse	il lésait	il lésera
nous lésons	nous lésions	nous léserons
vous lésez	vous lésiez	vous léserez
ils lèsent	ils lésaient	ils léseront

PAST HISTORIC	**PERFECT**	**PLUPERFECT**
je lésai	j'ai lésé	j'avais lésé
tu lésas	tu as lésé	tu avais lésé
il lésa	il a lésé	il avait lésé
nous lésâmes	nous avons lésé	nous avions lésé
vous lésâtes	vous avez lésé	vous aviez lésé
ils lésèrent	ils ont lésé	ils avaient lésé

PAST ANTERIOR	**FUTURE PERFECT**	
j'eus lésé *etc*	j'aurai lésé *etc*	

CONDITIONAL

IMPERATIVE

PRESENT	**PAST**	
je léserais	j'aurais lésé	lèse
tu léserais	tu aurais lésé	lésons
il léserait	il aurait lésé	lésez
nous léserions	nous aurions lésé	
vous léseriez	vous auriez lésé	
ils léseraient	ils auraient lésé	

SUBJUNCTIVE

PRESENT	**IMPERFECT**	**PERFECT**
je lèse	je lésasse	j'aie lésé
tu lèses	tu lésasses	tu aies lésé
il lèse	il lésât	il ait lésé
nous lésions	nous lésassions	nous ayons lésé
vous lésiez	vous lésassiez	vous ayez lésé
ils lèsent	ils lésassent	ils aient lésé

INFINITIVE

PARTICIPLE

PRESENT	**PRESENT**
léser	lésant

PAST	**PAST**
avoir lésé	lésé

LIRE
115 *to read*

PRESENT	IMPERFECT	FUTURE
je lis	je lisais	je lirai
tu lis	tu lisais	tu liras
il lit	il lisait	il lira
nous lisons	nous lisions	nous lirons
vous lisez	vous lisiez	vous lirez
ils lisent	ils lisaient	ils liront

PAST HISTORIC	PERFECT	PLUPERFECT
je lus	j'ai lu	j'avais lu
tu lus	tu as lu	tu avais lu
il lut	il a lu	il avait lu
nous lûmes	nous avons lu	nous avions lu
vous lûtes	vous avez lu	vous aviez lu
ils lurent	ils ont lu	ils avaient lu

PAST ANTERIOR	FUTURE PERFECT
j'eus lu *etc*	j'aurai lu *etc*

CONDITIONAL

PRESENT	PAST	IMPERATIVE
je lirais	j'aurais lu	lis
tu lirais	tu aurais lu	lisons
il lirait	il aurait lu	lisez
nous lirions	nous aurions lu	
vous liriez	vous auriez lu	
ils liraient	ils auraient lu	

SUBJUNCTIVE

PRESENT	IMPERFECT	PERFECT
je lise	je lusse	j'aie lu
tu lises	tu lusses	tu aies lu
il lise	il lût	il ait lu
nous lisions	nous lussions	nous ayons lu
vous lisiez	vous lussiez	vous ayez lu
ils lisent	ils lussent	ils aient lu

INFINITIVE

PRESENT	PARTICIPLE PRESENT
lire	lisant

PAST	PAST
avoir lu	lu

PRESENT
je mange
tu manges
il mange
nous mangeons
vous mangez
ils mangent

IMPERFECT
je mangeais
tu mangeais
il mangeait
nous mangions
vous mangiez
ils mangeaient

FUTURE
je mangerai
tu mangeras
il mangera
nous mangerons
vous mangerez
ils mangeront

PAST HISTORIC
je mangeai
tu mangeas
il mangea
nous mangeâmes
vous mangeâtes
ils mangèrent

PERFECT
j'ai mangé
tu as mangé
il a mangé
nous avons mangé
vous avez mangé
ils ont mangé

PLUPERFECT
j'avais mangé
tu avais mangé
il avait mangé
nous avions mangé
vous aviez mange
ils avaient mangé

PAST ANTERIOR
j'eus mangé *etc*

FUTURE PERFECT
j'aurai mangé *etc*

CONDITIONAL

IMPERATIVE

PRESENT
je mangerais
tu mangerais
il mangerait
nous mangerions
vous mangeriez
Ils mangeraient

PAST
j'aurais mangé
tu aurais mangé
il aurait mangé
nous aurions mangé
vous auriez mangé
Ils auraient mangé

mange
mangeons
mangez

SUBJUNCTIVE

PRESENT
je mange
tu manges
il mange
nous mangions
vous mangiez
ils mangent

IMPERFECT
je mangeasse
tu mangeasses
il mangeât
nous mangeassions
vous mangeassiez
ils mangeassent

PERFECT
j'aie mangé
tu aies mangé
il ait mangé
nous ayons mangé
vous ayez mangé
ils aient mangé

INFINITIVE

PARTICIPLE

PRESENT
manger

PRESENT
mangeant

PAST
avoir mangé

PAST
mangé

PRESENT
je maudis
tu maudis
il maudit
nous maudissons
vous maudissez
ils maudissent

IMPERFECT
je maudissais
tu maudissais
il maudissait
nous maudissions
vous maudissiez
ils maudissaient

FUTURE
je maudirai
tu maudiras
il maudira
nous maudirons
vous maudirez
ils maudiront

PAST HISTORIC
je maudis
tu maudis
il maudit
nous maudîmes
vous maudîtes
ils maudirent

PERFECT
j'ai maudit
tu as maudit
il a maudit
nous avons maudit
vous avez maudit
ils ont maudit

PLUPERFECT
j'avais maudit
tu avais maudit
il avait maudit
nous avions maudit
vous aviez maudit
ils avaient maudit

PAST ANTERIOR
j'eus maudit *etc*

FUTURE PERFECT
j'aurai maudit *etc*

CONDITIONAL

PRESENT
je maudirais
tu maudirais
il maudirait
nous maudirions
vous maudiriez
ils maudiraient

PAST
j'aurais maudit
tu aurais maudit
il aurait maudit
nous aurions maudit
vous auriez maudit
ils auraient maudit

IMPERATIVE

maudis
maudissons
maudissez

SUBJUNCTIVE

PRESENT
je maudisse
tu maudisses
il maudisse
nous maudissions
vous maudissiez
ils maudissent

IMPERFECT
je maudisse
tu maudisses
il maudît
nous maudissions
vous maudissiez
ils maudissent

PERFECT
j'aie maudit
tu aies maudit
il ait maudit
nous ayons maudit
vous ayez maudit
ils aient maudit

INFINITIVE

PRESENT
maudire

PAST
avoir maudit

PARTICIPLE

PRESENT
maudissant

PAST
maudit

PRESENT
je me méfie
tu te méfies
il se méfie
nous nous méfions
vous vous méfiez
ils se méfient

IMPERFECT
je me méfiais
tu te méfiais
il se méfiait
nous nous méfiions
vous vous méfiiez
ils se méfiaient

FUTURE
je me méfierai
tu te méfieras
il se méfiera
nous nous méfierons
vous vous méfierez
ils se méfieront

PAST HISTORIC
je me méfiai
tu te méfias
il se méfia
nous nous méfiâmes
vous vous méfiâtes
ils se méfièrent

PERFECT
je me suis méfié
tu t'es méfié
il s'est méfié
nous ns. sommes méfiés
vous vs. êtes méfié(s)
ils se sont méfiés

PLUPERFECT
je m'étais méfié
tu t'étais méfié
il s'était méfié
nous ns. étions méfiés
vous vs. étiez méfié(s)
ils s'étaient méfiés

PAST ANTERIOR
je me fus méfié *etc*

FUTURE PERFECT
je me serai méfié *etc*

CONDITIONAL

IMPERATIVE

PRESENT
je me méfierais
tu te méfierais
il se méfierait
nous nous méfierions
vous vous méfieriez
ils se méfieraient

PAST
je me serais méfié
tu te serais méfié
il se serait méfié
nous ns. serions méfiés
vous vs. seriez méfié(s)
ils se seraient méfiés

méfie-toi
méfions-nous
méfiez-vous

SUBJUNCTIVE

PRESENT
je me méfie
tu te méfies
il se méfie
nous nous méfiions
vous vous méfiiez
ils se méfient

IMPERFECT
je me méfiasse
tu te méfiasses
il se méfiât
nous nous méfiassions
vous vous méfiassiez
ils se méfiassent

PERFECT
je me sois méfié
tu te sois méfié
il se soit méfié
nous ns. soyons méfiés
vous vs. soyez méfié(s)
ils se soient méfiés

INFINITIVE

PARTICIPLE

PRESENT
se méfier

PRESENT
se méfiant

PAST
s'être méfié

PAST
méfié

MENER
119 to lead

PRESENT	IMPERFECT	FUTURE
je mène	je menais	je mènerai
tu mènes	tu menais	tu mèneras
il mène	il menait	il mènera
nous menons	nous menions	nous mènerons
vous menez	vous meniez	vous mènerez
ils mènent	ils menaient	ils mèneront

PAST HISTORIC	PERFECT	PLUPERFECT
je menai	j'ai mené	j'avais mené
tu menas	tu as mené	tu avais mené
il mena	il a mené	il avait mené
nous menâmes	nous avons mené	nous avions mené
vous menâtes	vous avez mené	vous aviez mené
ils menèrent	ils ont mené	ils avaient mené

PAST ANTERIOR	FUTURE PERFECT
j'eus mené *etc*	j'aurai mené *etc*

CONDITIONAL

IMPERATIVE

PRESENT	PAST	
je mènerais	j'aurais mené	mène
tu mènerais	tu aurais mené	menons
il mènerait	il aurait mené	menez
nous mènerions	nous aurions mené	
vous mèneriez	vous auriez mené	
ils mèneraient	ils auraient mené	

SUBJUNCTIVE

PRESENT	IMPERFECT	PERFECT
je mène	je menasse	j'aie mené
tu mènes	tu menasses	tu aies mené
il mène	il menât	il ait mené
nous menions	nous menassions	nous ayons mené
vous meniez	vous menassiez	vous ayez mené
ils mènent	ils menassent	ils aient mené

INFINITIVE

PARTICIPLE

PRESENT	PRESENT
mener	menant

PAST	PAST
avoir mené	mené

PRESENT	IMPERFECT	FUTURE
je mens	je mentais	je mentirai
tu mens	tu mentais	tu mentiras
il ment	il mentait	il mentira
nous mentons	nous mentions	nous mentirons
vous mentez	vous mentiez	vous mentirez
ils mentent	ils mentaient	ils mentiront

PAST HISTORIC	PERFECT	PLUPERFECT
je mentis	j'ai menti	j'avais menti
tu mentis	tu as menti	tu avais menti
il mentit	il a menti	il avait menti
nous mentîmes	nous avons menti	nous avions menti
vous mentîtes	vous avez menti	vous aviez menti
ils mentirent	ils ont menti	ils avaient menti

PAST ANTERIOR	FUTURE PERFECT
j'eus menti *etc*	j'aurai menti *etc*

CONDITIONAL

		IMPERATIVE
PRESENT	**PAST**	
je mentirais	j'aurais menti	mens
tu mentirais	tu aurais menti	mentons
il mentirait	il aurait menti	mentez
nous mentirions	nous aurions menti	
vous mentiriez	vous auriez menti	
ils mentiraient	ils auraient menti	

SUBJUNCTIVE

PRESENT	IMPERFECT	PERFECT
je mente	je mentisse	j'aie menti
tu mentes	tu mentisses	tu aies menti
il mente	il mentît	il ait menti
nous mentions	nous mentissions	nous ayons menti
vous mentiez	vous mentissiez	vous ayez menti
ils mentent	ils mentissent	ils aient menti

INFINITIVE

PARTICIPLE

PRESENT	**PRESENT**
mentir	mentant
PAST	**PAST**
avoir menti	menti

PRESENT	IMPERFECT	FUTURE
je mets	je mettais	je mettrai
tu mets	tu mettais	tu mettras
il met	il mettait	il mettra
nous mettons	nous mettions	nous mettrons
vous mettez	vous mettiez	vous mettrez
ils mettent	ils mettaient	ils mettront

PAST HISTORIC	PERFECT	PLUPERFECT
je mis	j'ai mis	j'avais mis
tu mis	tu as mis	tu avais mis
il mit	il a mis	il avait mis
nous mîmes	nous avons mis	nous avions mis
vous mîtes	vous avez mis	vous aviez mis
ils mirent	ils ont mis	ils avaient mis

PAST ANTERIOR	FUTURE PERFECT
j'eus mis *etc*	j'aurai mis *etc*

CONDITIONAL

IMPERATIVE

PRESENT	PAST	
je mettrais	j'aurais mis	mets
tu mettrais	tu aurais mis	mettons
il mettrait	il aurait mis	mettez
nous mettrions	nous aurions mis	
vous mettriez	vous auriez mis	
ils mettraient	ils auraient mis	

SUBJUNCTIVE

PRESENT	IMPERFECT	PERFECT
je mette	je misse	j'aie mis
tu mettes	tu misses	tu aies mis
il mette	il mît	il ait mis
nous mettions	nous missions	nous ayons mis
vous mettiez	vous missiez	vous ayez mis
ils mettent	ils missent	ils aient mis

INFINITIVE

PARTICIPLE

PRESENT	PRESENT
mettre	mettant

PAST	PAST
avoir mis	mis

PRESENT	IMPERFECT	FUTURE
je monte	je montais	je monterai
tu montes	tu montais	tu monteras
il monte	il montait	il montera
nous montons	nous montions	nous monterons
vous montez	vous montiez	vous monterez
ils montent	ils montaient	ils monteront

PAST HISTORIC	PERFECT	PLUPERFECT
je montai	je suis monté	j'étais monté
tu montas	tu es monté	tu étais monté
il monta	il est monté	il était monté
nous montâmes	nous sommes montés	nous étions montés
vous montâtes	vous êtes monté(s)	vous étiez monté(s)
ils montèrent	ils sont montés	ils étaient montés

PAST ANTERIOR	FUTURE PERFECT
je fus monté *etc*	je serai monté *etc*

CONDITIONAL

PRESENT	PAST	IMPERATIVE
je monterais	je serais monté	monte
tu monterais	tu serais monté	montons
il monterait	il serait monté	montez
nous monterions	nous serions montés	
vous monteriez	vous seriez monté(s)	
ils monteraient	ils seraient montés	

SUBJUNCTIVE

PRESENT	IMPERFECT	PERFECT
je monte	je montasse	je sois monté
tu montes	tu montasses	tu sois monté
il monte	il montât	il soit monté
nous montions	nous montassions	nous soyons montés
vous montiez	vous montassiez	vous soyez monté(s)
ils montent	ils montassent	ils soient montés

INFINITIVE	PARTICIPLE	NOTE
PRESENT monter	**PRESENT** montant	monter takes the auxiliary **avoir** when transitive
PAST être monté	**PAST** monté	

PRESENT	IMPERFECT	FUTURE
je mords	je mordais	je mordrai
tu mords	tu mordais	tu mordras
il mord	il mordait	il mordra
nous mordons	nous mordions	nous mordrons
vous mordez	vous mordiez	vous mordrez
ils mordent	ils mordaient	ils mordront

PAST HISTORIC	PERFECT	PLUPERFECT
je mordis	j'ai mordu	j'avais mordu
tu mordis	tu as mordu	tu avais mordu
il mordit	il a mordu	il avait mordu
nous mordîmes	nous avons mordu	nous avions mordu
vous mordîtes	vous avez mordu	vous aviez mordu
ils mordirent	ils ont mordu	ils avaient mordu

PAST ANTERIOR	FUTURE PERFECT
j'eus mordu *etc*	j'aurai mordu *etc*

CONDITIONAL

PRESENT	PAST
je mordrais	j'aurais mordu
tu mordrais	tu aurais mordu
il mordrait	il aurait mordu
nous mordrions	nous aurions mordu
vous mordriez	vous auriez mordu
ils mordraient	ils auraient mordu

IMPERATIVE

mords
mordons
mordez

SUBJUNCTIVE

PRESENT	IMPERFECT	PERFECT
je morde	je mordisse	j'aie mordu
tu mordes	tu mordisses	tu aies mordu
il morde	il mordît	il ait mordu
nous mordions	nous mordissions	nous ayons mordu
vous mordiez	vous mordissiez	vous ayez mordu
ils mordent	ils mordissent	ils aient mordu

INFINITIVE

PRESENT
mordre

PAST
avoir mordu

PARTICIPLE

PRESENT
mordant

PAST
mordu

PRESENT
je mouds
tu mouds
il moud
nous moulons
vous moulez
ils moulent

IMPERFECT
je moulais
tu moulais
il moulait
nous moulions
vous mouliez
ils moulaient

FUTURE
je moudrai
tu moudras
il moudra
nous moudrons
vous moudrez
ils moudront

PAST HISTORIC
je moulus
tu moulus
il moulut
nous moulûmes
vous moulûtes
ils moulurent

PERFECT
j'ai moulu
tu as moulu
il a moulu
nous avons moulu
vous avez moulu
ils ont moulu

PLUPERFECT
j'avais moulu
tu avais moulu
il avait moulu
nous avions moulu
vous aviez moulu
ils avaient moulu

PAST ANTERIOR
j'eus moulu *etc*

FUTURE PERFECT
j'aurai moulu *etc*

CONDITIONAL

PRESENT
je moudrais
tu moudrais
il moudrait
nous moudrions
vous moudriez
ils moudraient

PAST
j'aurais moulu
tu aurais moulu
il aurait moulu
nous aurions moulu
vous auriez moulu
ils auraient moulu

IMPERATIVE

mouds
moulons
moulez

SUBJUNCTIVE

PRESENT
je moule
tu moules
il moule
nous moulions
vous mouliez
ils moulent

IMPERFECT
je moulusse
tu moulusses
il moulût
nous moulussions
vous moulussiez
ils moulussent

PERFECT
j'aie moulu
tu aies moulu
il ait moulu
nous ayons moulu
vous ayez moulu
ils aient moulu

INFINITIVE

PRESENT
moudre

PAST
avoir moulu

PARTICIPLE

PRESENT
moulant

PAST
moulu

PRESENT	IMPERFECT	FUTURE
je meurs	je mourais	je mourrai
tu meurs	tu mourais	tu mourras
il meurt	il mourait	il mourra
nous mourons	nous mourions	nous mourrons
vous mourez	vous mouriez	vous mourrez
ils meurent	ils mouraient	ils mourront

PAST HISTORIC	PERFECT	PLUPERFECT
je mourus	je suis mort	j'étais mort
tu mourus	tu es mort	tu étais mort
il mourut	il est mort	il était mort
nous mourûmes	nous sommes morts	nous étions morts
vous mourûtes	vous êtes mort(s)	vous étiez mort(s)
ils moururent	ils sont morts	ils étaient morts

PAST ANTERIOR	FUTURE PERFECT
je fus mort *etc*	je serai mort *etc*

CONDITIONAL

IMPERATIVE

PRESENT	PAST	
je mourrais	je serais mort	meurs
tu mourrais	tu serais mort	mourons
il mourrait	il serait mort	mourez
nous mourrions	nous serions morts	
vous mourriez	vous seriez mort(s)	
ils mourraient	ils seraient morts	

SUBJUNCTIVE

PRESENT	IMPERFECT	PERFECT
je meure	je mourusse	je sois mort
tu meures	tu mourusses	tu sois mort
il meure	il mourût	il soit mort
nous mourions	nous mourussions	nous soyons morts
vous mouriez	vous mourussiez	vous soyez mort(s)
ils meurent	ils mourussent	ils soient morts

INFINITIVE

PARTICIPLE

PRESENT	PRESENT
mourir	mourant

PAST	PAST
être mort	mort

PRESENT	**IMPERFECT**	**FUTURE**
je meus	je mouvais	je mouvrai
tu meus	tu mouvais	tu mouvras
il meut	il mouvait	il mouvra
nous mouvons	nous mouvions	nous mouvrons
vous mouvez	vous mouviez	vous mouvrez
ils meuvent	ils mouvaient	ils mouvront

PAST HISTORIC	**PERFECT**	**PLUPERFECT**
je mus	j'ai mû	j'avais mû
tu mus	tu as mû	tu avais mû
il mut	il a mû	il avait mû
nous mûmes	nous avons mû	nous avions mû
vous mûtes	vous avez mû	vous aviez mû
ils murent	ils ont mû	ils avaient mû

PAST ANTERIOR	**FUTURE PERFECT**	
j'eus mû *etc*	j'aurai mû *etc*	

CONDITIONAL

PRESENT	**PAST**
je mouvrais	j'aurais mû
tu mouvrais	tu aurais mû
il mouvrait	il aurait mû
nous mouvrions	nous aurions mû
vous mouvriez	vous auriez mû
ils mouvraient	ils auraient mû

IMPERATIVE

meus
mouvons
mouvez

SUBJUNCTIVE

PRESENT	**IMPERFECT**	**PERFECT**
je meuve	je musse	j'aie mû
tu meuves	tu musses	tu aies mû
il meuve	il mût	il ait mû
nous mouvions	nous mussions	nous ayons mû
vous mouviez	vous mussiez	vous ayez mû
ils meuvent	ils mussent	ils aient mû

INFINITIVE

PARTICIPLE

PRESENT	**PRESENT**
mouvoir	mouvant
PAST	**PAST**
avoir mû	mû (mue, mus)

PRESENT	IMPERFECT	FUTURE
je nais	je naissais	je naîtrai
tu nais	tu naissais	tu naîtras
il naît	il naissait	il naîtra
nous naissons	nous naissions	nous naîtrons
vous naissez	vous naissiez	vous naîtrez
ils naissent	ils naissaient	ils naîtront

PAST HISTORIC	PERFECT	PLUPERFECT
je naquis	je suis né	j'étais né
tu naquis	tu es né	tu étais né
il naquit	il est né	il était né
nous naquîmes	nous sommes nés	nous étions nés
vous naquîtes	vous êtes né(s)	vous étiez né(s)
ils naquirent	ils sont nés	ils étaient nés

PAST ANTERIOR	FUTURE PERFECT
je fus né *etc*	je serai né *etc*

CONDITIONAL

PRESENT	PAST	IMPERATIVE
je naîtrais	je serais né	
tu naîtrais	tu serais né	nais
il naîtrait	il serait né	naissons
nous naîtrions	nous serions nés	naissez
vous naîtriez	vous seriez né(s)	
ils naîtraient	ils seraient nés	

SUBJUNCTIVE

PRESENT	IMPERFECT	PERFECT
je naisse	je naquisse	je sois né
tu naisses	tu naquisses	tu sois né
il naisse	il naquît	il soit né
nous naissions	nous naquissions	nous soyons nés
vous naissiez	vous naquissiez	vous soyez né(s)
ils naissent	ils naquissent	ils soient nés

INFINITIVE | PARTICIPLE

PRESENT	PRESENT
naître	naissant

PAST	PAST
être né	né

PRESENT
je nargue
tu nargues
il nargue
nous narguons
vous narguez
ils narguent

IMPERFECT
je narguais
tu narguais
il narguait
nous narguions
vous narguiez
ils narguaient

FUTURE
je narguerai
tu nargueras
il narguera
nous narguerons
vous narguerez
ils nargueront

PAST HISTORIC
je narguai
tu narguas
il nargua
nous narguâmes
vous narguâtes
ils narguèrent

PERFECT
j'ai nargué
tu as nargué
il a nargué
nous avons nargué
vous avez nargué
ils ont nargué

PLUPERFECT
j'avais nargué
tu avais nargué
il avait nargué
nous avions nargué
vous aviez nargué
ils avaient nargué

PAST ANTERIOR
j'eus nargué *etc*

FUTURE PERFECT
j'aurai nargué *etc*

CONDITIONAL

IMPERATIVE

PRESENT
je narguerais
tu narguerais
il narguerait
nous narguerions
vous nargueriez
ils nargueraient

PAST
j'aurais nargué
tu aurais nargué
il aurait nargué
nous aurions nargué
vous auriez nargué
ils auraient nargué

nargue
narguons
narguez

SUBJUNCTIVE

PRESENT
je nargue
tu nargues
il nargue
nous narguions
vous narguiez
ils narguent

IMPERFECT
je narguasse
tu narguasses
il narguât
nous narguassions
vous narguassiez
ils narguassent

PERFECT
j'aie nargué
tu aies nargué
il ait nargué
nous ayons nargué
vous ayez nargué
ils aient nargué

INFINITIVE

PARTICIPLE

PRESENT
narguer

PRESENT
narguant

PAST
avoir nargué

PAST
nargué

PRESENT
je nettoie
tu nettoies
il nettoie
nous nettoyons
vous nettoyez
ils nettoient

IMPERFECT
je nettoyais
tu nettoyais
il nettoyait
nous nettoyions
vous nettoyiez
ils nettoyaient

FUTURE
je nettoierai
tu nettoieras
il nettoiera
nous nettoierons
vous nettoierez
ils nettoieront

PAST HISTORIC
je nettoyai
tu nettoyas
il nettoya
nous nettoyâmes
vous nettoyâtes
ils nettoyèrent

PERFECT
j'ai nettoyé
tu as nettoyé
il a nettoyé
nous avons nettoyé
vous avez nettoyé
ils ont nettoyé

PLUPERFECT
j'avais nettoyé
tu avais nettoyé
il avait nettoyé
nous avions nettoyé
vous aviez nettoyé
ils avaient nettoyé

PAST ANTERIOR
j'eus nettoyé *etc*

FUTURE PERFECT
j'aurai nettoyé *etc*

CONDITIONAL

IMPERATIVE

PRESENT
je nettoierais
tu nettoierais
il nettoierait
nous nettoierions
vous nettoieriez
ils nettoieraient

PAST
j'aurais nettoyé
tu aurais nettoyé
il aurait nettoyé
nous aurions nettoyé
vous auriez nettoyé
ils auraient nettoyé

nettoie
nettoyons
nettoyez

SUBJUNCTIVE

PRESENT
je nettoie
tu nettoies
il nettoie
nous nettoyions
vous nettoyiez
ils nettoient

IMPERFECT
je nettoyasse
tu nettoyasses
il nettoyât
nous nettoyassions
vous nettoyassiez
ils nettoyassent

PERFECT
j'aie nettoyé
tu aies nettoyé
il ait nettoyé
nous ayons nettoyé
vous ayez nettoyé
ils aient nettoyé

INFINITIVE

PARTICIPLE

PRESENT
nettoyer

PRESENT
nettoyant

PAST
avoir nettoyé

PAST
nettoyé

PRESENT	**IMPERFECT**	**FUTURE**
je nuis	je nuisais	je nuirai
tu nuis	tu nuisais	tu nuiras
il nuit	il nuisait	il nuira
nous nuisons	nous nuisions	nous nuirons
vous nuisez	vous nuisiez	vous nuirez
ils nuisent	ils nuisaient	ils nuiront

PAST HISTORIC	**PERFECT**	**PLUPERFECT**
je nuisis	j'ai nui	j'avais nui
tu nuisis	tu as nui	tu avais nui
il nuisit	il a nui	il avait nui
nous nuisîmes	nous avons nui	nous avions nui
vous nuisîtes	vous avez nui	vous aviez nui
ils nuisirent	ils ont nui	ils avaient nui

PAST ANTERIOR	**FUTURE PERFECT**
j'eus nui *etc*	j'aurai nui *etc*

CONDITIONAL

IMPERATIVE

PRESENT	**PAST**	
je nuirais	j'aurais nui	nuis
tu nuirais	tu aurais nui	nuisons
il nuirait	il aurait nui	nuisez
nous nuirions	nous aurions nui	
vous nuiriez	vous auriez nui	
ils nuiraient	ils auraient nui	

SUBJUNCTIVE

PRESENT	**IMPERFECT**	**PERFECT**
je nuise	je nuisisse	j'aie nui
tu nuises	tu nuisisses	tu aies nui
il nuise	il nuisît	il ait nui
nous nuisions	nous nuisissions	nous ayons nui
vous nuisiez	vous nuisissiez	vous ayez nui
ils nuisent	ils nuisissent	ils aient nui

INFINITIVE

PARTICIPLE

PRESENT	**PRESENT**
nuire	nuisant

PAST	**PAST**
avoir nui	nui

OBÉIR
131 *to obey*

PRESENT	IMPERFECT	FUTURE
j'obéis	j'obéissais	j'obéirai
tu obéis	tu obéissais	tu obéiras
il obéit	il obéissait	il obéira
nous obéissons	nous obéissions	nous obéirons
vous obéissez	vous obéissiez	vous obéirez
ils obéissent	ils obéissaient	ils obéiront

PAST HISTORIC	PERFECT	PLUPERFECT
j'obéis	j'ai obéi	j'avais obéi
tu obéis	tu as obéi	tu avais obéi
il obéit	il a obéi	il avait obéi
nous obéîmes	nous avons obéi	nous avions obéi
vous obéîtes	vous avez obéi	vous aviez obéi
ils obéirent	ils ont obéi	ils avaient obéi

PAST ANTERIOR	FUTURE PERFECT
j'eus obéi *etc*	j'aurai obéi *etc*

CONDITIONAL

PRESENT	PAST
j'obéirais	j'aurais obéi
tu obéirais	tu aurais obéi
il obéirait	il aurait obéi
nous obéirions	nous aurions obéi
vous obéiriez	vous auriez obéi
ils obéiraient	ils auraient obéi

IMPERATIVE

obéis
obéissons
obéissez

SUBJUNCTIVE

PRESENT	IMPERFECT	PERFECT
j'obéisse	j'obéisse	j'aie obéi
tu obéisses	tu obéisses	tu aies obéi
il obéisse	il obéît	il ait obéi
nous obéissions	nous obéissions	nous ayons obéi
vous obéissiez	vous obéissiez	vous ayez obéi
ils obéissent	ils obéissent	ils aient obéi

INFINITIVE

PRESENT
obéir

PAST
avoir obéi

PARTICIPLE

PRESENT
obéissant

PAST
obéi

PRESENT	**IMPERFECT**	**FUTURE**
j'obtiens	j'obtenais	j'obtiendrai
tu obtiens	tu obtenais	tu obtiendras
il obtient	il obtenait	il obtiendra
nous obtenons	nous obtenions	nous obtiendrons
vous obtenez	vous obteniez	vous obtiendrez
ils obtiennent	ils obtenaient	ils obtiendront

PAST HISTORIC	**PERFECT**	**PLUPERFECT**
j'obtins	j'ai obtenu	j'avais obtenu
tu obtins	tu as obtenu	tu avais obtenu
il obtint	il a obtenu	il avait obtenu
nous obtînmes	nous avons obtenu	nous avions obtenu
vous obtîntes	vous avez obtenu	vous aviez obtenu
ils obtinrent	ils ont obtenu	ils avaient obtenu

PAST ANTERIOR	**FUTURE PERFECT**
j'eus obtenu *etc*	j'aurai obtenu *etc*

CONDITIONAL

PRESENT	**PAST**
j'obtiendrais	j'aurais obtenu
tu obtiendrais	tu aurais obtenu
il obtiendrait	il aurait obtenu
nous obtiendrions	nous aurions obtenu
vous obtiendriez	vous auriez obtenu
ils obtiendraient	ils auraient obtenu

IMPERATIVE

obtiens
obtenons
obtenez

SUBJUNCTIVE

PRESENT	**IMPERFECT**	**PERFECT**
j'obtienne	j'obtinsse	j'aie obtenu
tu obtiennes	tu obtinsses	tu aies obtenu
il obtienne	il obtînt	il ait obtenu
nous obtenions	nous obtinssions	nous ayons obtenu
vous obteniez	vous obtinssiez	vous ayez obtenu
ils obtiennent	ils obtinssent	ils aient obtenu

INFINITIVE | PARTICIPLE

PRESENT	**PRESENT**
obtenir	obtenant

PAST	**PAST**
avoir obtenu	obtenu

PRESENT	IMPERFECT	FUTURE
j'offre	j'offrais	j'offrirai
tu offres	tu offrais	tu offriras
il offre	il offrait	il offrira
nous offrons	nous offrions	nous offrirons
vous offrez	vous offriez	vous offrirez
ils offrent	ils offraient	ils offriront

PAST HISTORIC	PERFECT	PLUPERFECT
j'offris	j'ai offert	j'avais offert
tu offris	tu as offert	tu avais offert
il offrit	il a offert	il avait offert
nous offrîmes	nous avons offert	nous avions offert
vous offrîtes	vous avez offert	vous aviez offert
ils offrirent	ils ont offert	ils avaient offert

PAST ANTERIOR	FUTURE PERFECT
j'eus offert _etc_	j'aurai offert _etc_

CONDITIONAL

		IMPERATIVE

PRESENT	PAST	
j'offrirais	j'aurais offert	offre
tu offrirais	tu aurais offert	offrons
il offrirait	il aurait offert	offrez
nous offririons	nous aurions offert	
vous offririez	vous auriez offert	
ils offriraient	ils auraient offert	

SUBJUNCTIVE

PRESENT	IMPERFECT	PERFECT
j'offre	j'offrisse	j'aie offert
tu offres	tu offrisses	tu aies offert
il offre	il offrît	il ait offert
nous offrions	nous offrissions	nous ayons offert
vous offriez	vous offrissiez	vous ayez offert
ils offrent	ils offrissent	ils aient offert

INFINITIVE

PARTICIPLE

PRESENT	PRESENT
offrir	offrant

PAST	PAST
avoir offert	offert

PRESENT
j'ouvre
tu ouvres
il ouvre
nous ouvrons
vous ouvrez
ils ouvrent

IMPERFECT
j'ouvrais
tu ouvrais
il ouvrait
nous ouvrions
vous ouvriez
ils ouvraient

FUTURE
j'ouvrirai
tu ouvriras
il ouvrira
nous ouvrirons
vous ouvrirez
ils ouvriront

PAST HISTORIC
j'ouvris
tu ouvris
il ouvrit
nous ouvrîmes
vous ouvrîtes
ils ouvrirent

PERFECT
j'ai ouvert
tu as ouvert
il a ouvert
nous avons ouvert
vous avez ouvert
ils ont ouvert

PLUPERFECT
j'avais ouvert
tu avais ouvert
il avait ouvert
nous avions ouvert
vous aviez ouvert
ils avaient ouvert

PAST ANTERIOR
j'eus ouvert *etc*

FUTURE PERFECT
j'aurai ouvert *etc*

CONDITIONAL

PRESENT
j'ouvrirais
tu ouvrirais
il ouvrirait
nous ouvririons
vous ouvririez
ils ouvriraient

PAST
j'aurais ouvert
tu aurais ouvert
il aurait ouvert
nous aurions ouvert
vous auriez ouvert
ils auraient ouvert

IMPERATIVE

ouvre
ouvrons
ouvrez

SUBJUNCTIVE

PRESENT
j'ouvre
tu ouvres
il ouvre
nous ouvrions
vous ouvriez
ils ouvrent

IMPERFECT
j'ouvrisse
tu ouvrisses
il ouvrît
nous ouvrissions
vous ouvrissiez
ils ouvrissent

PERFECT
j'aie ouvert
tu aies ouvert
il ait ouvert
nous ayons ouvert
vous ayez ouvert
ils aient ouvert

INFINITIVE

PRESENT
ouvrir

PAST
avoir ouvert

PARTICIPLE

PRESENT
ouvrant

PAST
ouvert

PAÎTRE
135 _to graze_

PRESENT	IMPERFECT	FUTURE
je pais	je paissais	je paîtrai
tu pais	tu paissais	tu paîtras
il paît	il paissait	il paîtra
nous paissons	nous paissions	nous paîtrons
vous paissez	vous paissiez	vous paîtrez
ils paissent	ils paissaient	ils paîtront

PAST HISTORIC	PERFECT	PLUPERFECT

PAST ANTERIOR	FUTURE PERFECT	

CONDITIONAL | | IMPERATIVE

PRESENT	PAST	
je paîtrais		pais
tu paîtrais		paissons
il paîtrait		paissez
nous paîtrions		
vous paîtriez		
ils paîtraient		

SUBJUNCTIVE

PRESENT	IMPERFECT	PERFECT
je paisse		
tu paisses		
il paisse		
nous paissions		
vous paissiez		
ils paissent		

INFINITIVE | PARTICIPLE

PRESENT	PRESENT
paître	paissant

PAST	PAST
pu	pu

PRESENT	IMPERFECT	FUTURE
je parais	je paraissais	je paraîtrai
tu parais	tu paraissais	tu paraîtras
il paraît	il paraissait	il paraîtra
nous paraissons	nous paraissions	nous paraîtrons
vous paraissez	vous paraissiez	vous paraîtrez
ils paraissent	ils paraissaient	ils paraîtront

PAST HISTORIC	PERFECT	PLUPERFECT
je parus	j'ai paru	j'avais paru
tu parus	tu as paru	tu avais paru
il parut	il a paru	il avait paru
nous parûmes	nous avons paru	nous avions paru
vous parûtes	vous avez paru	vous aviez paru
ils parurent	ils ont paru	ils avaient paru

PAST ANTERIOR	FUTURE PERFECT
j'eus paru *etc*	j'aurai paru *etc*

CONDITIONAL

PRESENT	PAST
je paraîtrais	j'aurais paru
tu paraîtrais	tu aurais paru
il paraîtrait	il aurait paru
nous paraîtrions	nous aurions paru
vous paraîtriez	vous auriez paru
ils paraîtraient	ils auraient paru

IMPERATIVE

parais
paraissons
paraissez

SUBJUNCTIVE

PRESENT	IMPERFECT	PERFECT
je paraisse	je parusse	j'aie paru
tu paraisses	tu parusses	tu aies paru
il paraisse	il parût	il ait paru
nous paraissions	nous parussions	nous ayons paru
vous paraissiez	vous parussiez	vous ayez paru
ils paraissent	ils parussent	ils aient paru

INFINITIVE

PRESENT
paraître

PAST
avoir paru

PARTICIPLE

PRESENT
paraissant

PAST
paru

NOTE

paraître takes the auxiliary **être** when it means 'to be published' apparaître can also take the auxiliary **être**

PRESENT	IMPERFECT	FUTURE
je pars	je partais	je partirai
tu pars	tu partais	tu partiras
il part	il partait	il partira
nous partons	nous partions	nous partirons
vous partez	vous partiez	vous partirez
ils partent	ils partaient	ils partiront

PAST HISTORIC	PERFECT	PLUPERFECT
je partis	je suis parti	j'étais parti
tu partis	tu es parti	tu étais parti
il partit	il est parti	il était parti
nous partîmes	nous sommes partis	nous étions partis
vous partîtes	vous êtes parti(s)	vous étiez parti(s)
ils partirent	ils sont partis	ils étaient partis

PAST ANTERIOR	FUTURE PERFECT
je fus parti *etc*	je serai parti *etc*

CONDITIONAL

PRESENT	PAST
je partirais	je serais parti
tu partirais	tu serais parti
il partirait	il serait parti
nous partirions	nous serions partis
vous partiriez	vous seriez parti(s)
ils partiraient	ils seraient partis

IMPERATIVE

pars
partons
partez

SUBJUNCTIVE

PRESENT	IMPERFECT	PERFECT
je parte	je partisse	je sois parti
tu partes	tu partisses	tu sois parti
il parte	il partît	il soit parti
nous partions	nous partissions	nous soyons partis
vous partiez	vous partissiez	vous soyez parti(s)
ils partent	ils partissent	ils soient partis

INFINITIVE

PRESENT
partir

PAST
être parti

PARTICIPLE

PRESENT
partant

PAST
parti

NOTE

repartir takes the auxiliary **avoir** when it means 'to reply'

PRESENT
je parviens
tu parviens
il parvient
nous parvenons
vous parvenez
ils parviennent

IMPERFECT
je parvenais
tu parvenais
il parvenait
nous parvenions
vous parveniez
ils parvenaient

FUTURE
je parviendrai
tu parviendras
il parviendra
nous parviendrons
vous parviendrez
ils parviendront

PAST HISTORIC
je parvins
tu parvins
il parvint
nous parvînmes
vous parvîntes
ils parvinrent

PERFECT
je suis parvenu
tu es parvenu
il est parvenu
nous sommes parvenus
vous êtes parvenu(s)
ils sont parvenus

PLUPERFECT
j'étais parvenu
tu étais parvenu
il était parvenu
nous étions parvenus
vous étiez parvenu(s)
ils étaient parvenus

PAST ANTERIOR
je fus parvenu *etc*

FUTURE PERFECT
je serai parvenu *etc*

CONDITIONAL

PRESENT
je parviendrais
tu parviendrais
il parviendrait
nous parviendrions
vous parviendriez
ils parviendraient

PAST
je serais parvenu
tu serais parvenu
il serait parvenu
nous serions parvenus
vous seriez parvenu(s)
ils seraient parvenus

IMPERATIVE

parviens
parvenons
parvenez

SUBJUNCTIVE

PRESENT
je parvienne
tu parviennes
il parvienne
nous parvenions
vous parveniez
ils parviennent

IMPERFECT
je parvinsse
tu parvinsses
il parvînt
nous parvinssions
vous parvinssiez
ils parvinssent

PERFECT
je sois parvenu
tu sois parvenu
il soit parvenu
nous soyons parvenus
vous soyez parvenu(s)
ils soient parvenus

INFINITIVE

PRESENT
parvenir

PAST
être parvenu

PARTICIPLE

PRESENT
parvenant

PAST
parvenu

PRESENT	IMPERFECT	FUTURE
je passe	je passais	je passerai
tu passes	tu passais	tu passeras
il passe	il passait	il passera
nous passons	nous passions	nous passerons
vous passez	vous passiez	vous passerez
ils passent	ils passaient	ils passeront

PAST HISTORIC	PERFECT	PLUPERFECT
je passai	j'ai passé	j'avais passé
tu passas	tu as passé	tu avais passé
il passa	il a passé	il avait passé
nous passâmes	nous avons passé	nous avions passé
vous passâtes	vous avez passé	vous aviez passé
ils passèrent	ils ont passé	ils avaient passé

PAST ANTERIOR	FUTURE PERFECT
j'eus passé *etc*	j'aurai passé *etc*

CONDITIONAL

		IMPERATIVE
PRESENT	PAST	
je passerais	j'aurais passé	passe
tu passerais	tu aurais passé	passons
il passerait	il aurait passé	passez
nous passerions	nous aurions passé	
vous passeriez	vous auriez passé	
ils passeraient	ils auraient passé	

SUBJUNCTIVE

PRESENT	IMPERFECT	PERFECT
je passe	je passasse	j'aie passé
tu passes	tu passasses	tu aies passé
il passe	il passât	il ait passé
nous passions	nous passassions	nous ayons passé
vous passiez	vous passassiez	vous ayez passé
ils passent	ils passassent	ils aient passé

INFINITIVE / PARTICIPLE / NOTE

INFINITIVE	PARTICIPLE	NOTE
PRESENT	PRESENT	passer can take the
passer	passant	auxiliary **être** when it
		means 'to go/come past'
PAST	PAST	**repasser** can take the
avoir passé	passé	auxiliary **être** when it
		means 'to go/come past
		again'

PRESENT
je paye
tu payes
il paye
nous payons
vous payez
ils payent

IMPERFECT
je payais
tu payais
il payait
nous payions
vous payiez
ils payaient

FUTURE
je payerai
tu payeras
il payera
nous payerons
vous payerez
ils payeront

PAST HISTORIC
je payai
tu payas
il paya
nous payâmes
vous payâtes
ils payèrent

PERFECT
j'ai payé
tu as payé
il a payé
nous avons payé
vous avez payé
ils ont payé

PLUPERFECT
j'avais payé
tu avais payé
il avait payé
nous avions payé
vous aviez payé
ils avaient payé

PAST ANTERIOR
j'eus payé *etc*

FUTURE PERFECT
j'aurai payé *etc*

CONDITIONAL

IMPERATIVE

PRESENT
je payerais
tu payerais
il payerait
nous payerions
vous payeriez
ils payeraient

PAST
j'aurais payé
tu aurais payé
il aurait payé
nous aurions payé
vous auriez payé
ils auraient payé

paye
payons
payez

SUBJUNCTIVE

PRESENT
je paye
tu payes
il paye
nous payions
vous payiez
ils payent

IMPERFECT
je payasse
tu payasses
il payât
nous payassions
vous payassiez
ils payassent

PERFECT
j'aie payé
tu aies payé
il ait payé
nous ayons payé
vous ayez payé
ils aient payé

INFINITIVE

PARTICIPLE

PRESENT
payer

PRESENT
payant

PAST
avoir payé

PAST
payé

PRESENT	IMPERFECT	FUTURE
je peins	je peignais	je peindrai
tu peins	tu peignais	tu peindras
il peint	il peignait	il peindra
nous peignons	nous peignions	nous peindrons
vous peignez	vous peigniez	vous peindrez
ils peignent	ils peignaient	ils peindront

PAST HISTORIC	PERFECT	PLUPERFECT
je peignis	j'ai peint	j'avais peint
tu peignis	tu as peint	tu avais peint
il peignit	il a peint	il avait peint
nous peignîmes	nous avons peint	nous avions peint
vous peignîtes	vous avez peint	vous aviez peint
ils peignirent	ils ont peint	ils avaient peint

PAST ANTERIOR	FUTURE PERFECT	
j'eus peint *etc*	j'aurai peint *etc*	

CONDITIONAL

IMPERATIVE

PRESENT	PAST	
je peindrais	j'aurais peint	peins
tu peindrais	tu aurais peint	peignons
il peindrait	il aurait peint	peignez
nous peindrions	nous aurions peint	
vous peindriez	vous auriez peint	
ils peindraient	ils auraient peint	

SUBJUNCTIVE

PRESENT	IMPERFECT	PERFECT
je peigne	je peignisse	j'aie peint
tu peignes	tu peignisses	tu aies peint
il peigne	il peignît	il ait peint
nous peignions	nous peignissions	nous ayons peint
vous peigniez	vous peignissiez	vous ayez peint
ils peignent	ils peignissent	ils aient peint

INFINITIVE

PARTICIPLE

PRESENT	PRESENT
peindre	peignant

PAST	PAST
avoir peint	peint

PRESENT	IMPERFECT	FUTURE
je pèle	je pelais	je pèlerai
tu pèles	tu pelais	tu pèleras
il pèle	il pelait	il pèlera
nous pelons	nous pelions	nous pèlerons
vous pelez	vous peliez	vous pèlerez
ils pèlent	ils pelaient	ils pèleront

PAST HISTORIC	PERFECT	PLUPERFECT
je pelai	j'ai pelé	j'avais pelé
tu pelas	tu as pelé	tu avais pelé
il pela	il a pelé	il avait pelé
nous pelâmes	nous avons pelé	nous avions pelé
vous pelâtes	vous avez pelé	vous aviez pelé
ils pelèrent	ils ont pelé	ils avaient pelé

PAST ANTERIOR	FUTURE PERFECT
j'eus pelé *etc*	j'aurai pelé *etc*

CONDITIONAL

IMPERATIVE

PRESENT	PAST	
je pèlerais	j'aurais pelé	pèle
tu pèlerais	tu aurais pelé	pelons
il pèlerait	il aurait pelé	pelez
nous pèlerions	nous aurions pelé	
vous pèleriez	vous auriez pelé	
ils pèleraient	ils auraient pelé	

SUBJUNCTIVE

PRESENT	IMPERFECT	PERFECT
je pèle	je pelasse	j'aie pelé
tu pèles	tu pelasses	tu aies pelé
il pèle	il pelât	il ait pelé
nous pelions	nous pelassions	nous ayons pelé
vous peliez	vous pelassiez	vous ayez pelé
ils pèlent	ils pelassent	ils aient pelé

INFINITIVE

PARTICIPLE

PRESENT	PRESENT
peler	pelant

PAST	PAST
avoir pelé	pelé

PÉNÉTRER
143 *to enter*

PRESENT	IMPERFECT	FUTURE
je pénètre	je pénétrais	je pénétrerai
tu pénètres	tu pénétrais	tu pénétreras
il pénètre	il pénétrait	il pénétrera
nous pénétrons	nous pénétrions	nous pénétrerons
vous pénétrez	vous pénétriez	vous pénétrerez
ils pénètrent	ils pénétraient	ils pénétreront

PAST HISTORIC	PERFECT	PLUPERFECT
je pénétrai	j'ai pénétré	j'avais pénétré
tu pénétras	tu as pénétré	tu avais pénétré
il pénétra	il a pénétré	il avait pénétré
nous pénétrâmes	nous avons pénétré	nous avions pénétré
vous pénétrâtes	vous avez pénétré	vous aviez pénétré
ils pénétrèrent	ils ont pénétré	ils avaient pénétré

PAST ANTERIOR	FUTURE PERFECT
j'eus pénétré *etc*	j'aurai pénétré *etc*

CONDITIONAL

IMPERATIVE

PRESENT	PAST	
je pénétrerais	j'aurais pénétré	pénètre
tu pénétrerais	tu aurais pénétré	pénétrons
il pénétrerait	il aurait pénétré	pénétrez
nous pénétrerions	nous aurions pénétré	
vous pénétreriez	vous auriez pénétré	
ils pénétreraient	ils auraient pénétré	

SUBJUNCTIVE

PRESENT	IMPERFECT	PERFECT
je pénètre	je pénétrasse	j'aie pénétré
tu pénètres	tu pénétrasses	tu aies pénétré
il pénètre	il pénétrât	il ait pénétré
nous pénétrions	nous pénétrassions	nous ayons pénétré
vous pénétriez	vous pénétrassiez	vous ayez pénétré
ils pénètrent	ils pénétrassent	ils aient pénétré

INFINITIVE

PARTICIPLE

PRESENT	PRESENT
pénétrer	pénétrant

PAST	PAST
avoir pénétré	pénétré

PRESENT	**IMPERFECT**	**FUTURE**
je perds	je perdais	je perdrai
tu perds	tu perdais	tu perdras
il perd	il perdait	il perdra
nous perdons	nous perdions	nous perdrons
vous perdez	vous perdiez	vous perdrez
ils perdent	ils perdaient	ils perdront

PAST HISTORIC	**PERFECT**	**PLUPERFECT**
je perdis	j'ai perdu	j'avais perdu
tu perdis	tu as perdu	tu avais perdu
il perdit	il a perdu	il avait perdu
nous perdîmes	nous avons perdu	nous avions perdu
vous perdîtes	vous avez perdu	vous aviez perdu
ils perdirent	ils ont perdu	ils avaient perdu

PAST ANTERIOR	**FUTURE PERFECT**
j'eus perdu *etc*	j'aurai perdu *etc*

CONDITIONAL

PRESENT	**PAST**	**IMPERATIVE**
je perdrais	j'aurais perdu	perds
tu perdrais	tu aurais perdu	perdons
il perdrait	il aurait perdu	perdez
nous perdrions	nous aurions perdu	
vous perdriez	vous auriez perdu	
ils perdraient	ils auraient perdu	

SUBJUNCTIVE

PRESENT	**IMPERFECT**	**PERFECT**
je perde	je perdisse	j'aie perdu
tu perdes	tu perdisses	tu aies perdu
il perde	il perdît	il ait perdu
nous perdions	nous perdissions	nous ayons perdu
vous perdiez	vous perdissiez	vous ayez perdu
ils perdent	ils perdissent	ils aient perdu

INFINITIVE / PARTICIPLE

PRESENT	**PRESENT**
perdre	perdant

PAST	**PAST**
avoir perdu	perdu

PERMETTRE
145 *to allow*

PRESENT	IMPERFECT	FUTURE
je permets	je permettais	je permettrai
tu permets	tu permettais	tu permettras
il permet	il permettait	il permettra
nous permettons	nous permettions	nous permettrons
vous permettez	vous permettiez	vous permettrez
ils permettent	ils permettaient	ils permettront

PAST HISTORIC	PERFECT	PLUPERFECT
je permis	j'ai permis	j'avais permis
tu permis	tu as permis	tu avais permis
il permit	il a permis	il avait permis
nous permîmes	nous avons permis	nous avions permis
vous permîtes	vous avez permis	vous aviez permis
ils permirent	ils ont permis	ils avaient permis

PAST ANTERIOR	FUTURE PERFECT
j'eus permis *etc*	j'aurai permis *etc*

CONDITIONAL

IMPERATIVE

PRESENT	PAST	
je permettrais	j'aurais permis	permets
tu permettrais	tu aurais permis	permettons
il permettrait	il aurait permis	permettez
nous permettrions	nous aurions permis	
vous permettriez	vous auriez permis	
ils permettraient	ils auraient permis	

SUBJUNCTIVE

PRESENT	IMPERFECT	PERFECT
je permette	je permisse	j'aie permis
tu permettes	tu permisses	tu aies permis
il permette	il permît	il ait permis
nous permettions	nous permissions	nous ayons permis
vous permettiez	vous permissiez	vous ayez permis
ils permettent	ils permissent	ils aient permis

INFINITIVE

PARTICIPLE

PRESENT	PRESENT
permettre	permettant

PAST	PAST
avoir permis	permis

PRESENT	IMPERFECT	FUTURE
je pèse	je pesais	je pèserai
tu pèses	tu pesais	tu pèseras
il pèse	il pesait	il pèsera
nous pesons	nous pesions	nous pèserons
vous pesez	vous pesiez	vous pèserez
ils pèsent	ils pesaient	ils pèseront

PAST HISTORIC	PERFECT	PLUPERFECT
je pesai	j'ai pesé	j'avais pesé
tu pesas	tu as pesé	tu avais pesé
il pesa	il a pesé	il avait pesé
nous pesâmes	nous avons pesé	nous avions pesé
vous pesâtes	vous avez pesé	vous aviez pesé
ils pesèrent	ils ont pesé	ils avaient pesé

PAST ANTERIOR	FUTURE PERFECT
j'eus pesé *etc*	j'aurai pesé *etc*

CONDITIONAL

PRESENT	PAST	IMPERATIVE
je pèserais	j'aurais pesé	pèse
tu pèserais	tu aurais pesé	pesons
il pèserait	il aurait pesé	pesez
nous pèserions	nous aurions pesé	
vous pèseriez	vous auriez pesé	
ils pèseraient	ils auraient pesé	

SUBJUNCTIVE

PRESENT	IMPERFECT	PERFECT
je pèse	je pesasse	j'aie pesé
tu pèses	tu pesasses	tu aies pesé
il pèse	il pesât	il ait pesé
nous pesions	nous pesassions	nous ayons pesé
vous pesiez	vous pesassiez	vous ayez pesé
ils pèsent	ils pesassent	ils aient pesé

INFINITIVE

PRESENT	PARTICIPLE
peser	PRESENT
	pesant

PAST	PAST
avoir pesé	pesé

PLACER

PRESENT	IMPERFECT	FUTURE
je place	je plaçais	je placerai
tu places	tu plaçais	tu placeras
il place	il plaçait	il placera
nous plaçons	nous placions	nous placerons
vous placez	vous placiez	vous placerez
ils placent	ils plaçaient	ils placeront

PAST HISTORIC	PERFECT	PLUPERFECT
je plaçai	j'ai placé	j'avais placé
tu plaças	tu as placé	tu avais placé
il plaça	il a placé	il avait placé
nous plaçâmes	nous avons placé	nous avions placé
vous plaçâtes	vous avez placé	vous aviez placé
ils placèrent	ils ont placé	ils avaient placé

PAST ANTERIOR	FUTURE PERFECT
j'eus placé *etc*	j'aurai placé *etc*

CONDITIONAL / IMPERATIVE

PRESENT	PAST	
je placerais	j'aurais placé	place
tu placerais	tu aurais placé	plaçons
il placerait	il aurait placé	placez
nous placerions	nous aurions placé	
vous placeriez	vous auriez placé	
ils placeraient	ils auraient placé	

SUBJUNCTIVE

PRESENT	IMPERFECT	PERFECT
je place	je plaçasse	j'aie placé
tu places	tu plaçasses	tu aies placé
il place	il plaçât	il ait placé
nous placions	nous plaçassions	nous ayons placé
vous placiez	vous plaçassiez	vous ayez placé
ils placent	ils plaçassent	ils aient placé

INFINITIVE / PARTICIPLE

PRESENT	PRESENT
placer	plaçant

PAST	PAST
avoir placé	placé

PRESENT	**IMPERFECT**	**FUTURE**
je plais	je plaisais	je plairai
tu plais	tu plaisais	tu plairas
il plaît	il plaisait	il plaira
nous plaisons	nous plaisions	nous plairons
vous plaisez	vous plaisiez	vous plairez
ils plaisent	ils plaisaient	ils plairont

PAST HISTORIC	**PERFECT**	**PLUPERFECT**
je plus	j'ai plu	j'avais plu
tu plus	tu as plu	tu avais plu
il plut	il a plu	il avait plu
nous plûmes	nous avons plu	nous avions plu
vous plûtes	vous avez plu	vous aviez plu
ils plurent	ils ont plu	ils avaient plu

PAST ANTERIOR	**FUTURE PERFECT**	
j'eus plu *etc*	j'aurai plu *etc*	

CONDITIONAL

PRESENT	**PAST**	**IMPERATIVE**
je plairais	j'aurais plu	
tu plairais	tu aurais plu	plais
il plairait	il aurait plu	plaisons
nous plairions	nous aurions plu	plaisez
vous plairiez	vous auriez plu	
ils plairaient	ils auraient plu	

SUBJUNCTIVE

PRESENT	**IMPERFECT**	**PERFECT**
je plaise	je plusse	j'aie plu
tu plaises	tu plusses	tu aies plu
il plaise	il plût	il ait plu
nous plaisions	nous plussions	nous ayons plu
vous plaisiez	vous plussiez	vous ayez plu
ils plaisent	ils plussent	ils aient plu

INFINITIVE

	PARTICIPLE	**NOTE**
PRESENT	**PRESENT**	cette idée me plaît = I
plaire	plaisant	like this idea
PAST	**PAST**	
avoir plu	plu	

173

PRESENT	IMPERFECT	FUTURE
il pleut	il pleuvait	il pleuvra

PAST HISTORIC	PERFECT	PLUPERFECT
il plut	il a plu	il avait plu

PAST ANTERIOR	FUTURE PERFECT	
il eut plu	il aura plu	

CONDITIONAL

PRESENT	PAST
il pleuvrait	il aurait plu

IMPERATIVE

SUBJUNCTIVE

PRESENT	IMPERFECT	PERFECT
il pleuve	il plût	il ait plu

INFINITIVE

PRESENT
pleuvoir

PAST
avoir plu

PARTICIPLE

PRESENT
pleuvant

PAST
plu

PRESENT
je plonge
tu plonges
il plonge
nous plongeons
vous plongez
ils plongent

IMPERFECT
je plongeais
tu plongeais
il plongeait
nous plongions
vous plongiez
ils plongeaient

FUTURE
je plongerai
tu plongeras
il plongera
nous plongerons
vous plongerez
ils plongeront

PAST HISTORIC
je plongeai
tu plongeas
il plongea
nous plongeâmes
vous plongeâtes
ils plongèrent

PERFECT
j'ai plongé
tu as plongé
il a plongé
nous avons plongé
vous avez plongé
ils ont plongé

PLUPERFECT
j'avais plongé
tu avais plongé
il avait plongé
nous avions plongé
vous aviez plongé
ils avaient plongé

PAST ANTERIOR
j'eus plongé *etc*

FUTURE PERFECT
j'aurai plongé *etc*

CONDITIONAL

IMPERATIVE

PRESENT
je plongerais
tu plongerais
il plongerait
nous plongerions
vous plongeriez
ils plongeraient

PAST
j'aurais plongé
tu aurais plongé
il aurait plongé
nous aurions plongé
vous auriez plongé
ils auraient plongé

plonge
plongeons
plongez

SUBJUNCTIVE

PRESENT
je plonge
tu plonges
il plonge
nous plongions
vous plongiez
ils plongent

IMPERFECT
je plongeasse
tu plongeasses
il plongeât
nous plongeassions
vous plongeassiez
ils plongeassent

PERFECT
j'aie plongé
tu aies plongé
il ait plongé
nous ayons plongé
vous ayez plongé
ils aient plongé

INFINITIVE

PARTICIPLE

PRESENT
plonger

PRESENT
plongeant

PAST
avoir plongé

PAST
plongé

POINDRE
151 to dawn

PRESENT	IMPERFECT	FUTURE
il point		il poindra

PAST HISTORIC	PERFECT	PLUPERFECT

PAST ANTERIOR	FUTURE PERFECT	

CONDITIONAL		IMPERATIVE

PRESENT	PAST	

SUBJUNCTIVE		

PRESENT	IMPERFECT	PERFECT

INFINITIVE	PARTICIPLE

PRESENT	PRESENT
poindre	

PAST	PAST

PRESENT
je possède
tu possèdes
il possède
nous possédons
vous possédez
ils possèdent

IMPERFECT
je possédais
tu possédais
il possédait
nous possédions
vous possédiez
ils possédaient

FUTURE
je posséderai
tu posséderas
il possédera
nous posséderons
vous posséderez
ils posséderont

PAST HISTORIC
je possédai
tu possédas
il posséda
nous possédâmes
vous possédâtes
ils possédèrent

PERFECT
j'ai possédé
tu as possédé
il a possédé
nous avons possédé
vous avez possédé
ils ont possédé

PLUPERFECT
j'avais possédé
tu avais possédé
il avait possédé
nous avions possédé
vous aviez possédé
ils avaient possédé

PAST ANTERIOR
j'eus possédé *etc*

FUTURE PERFECT
j'aurai possédé *etc*

CONDITIONAL

PRESENT
je posséderais
tu posséderais
il posséderait
nous posséderions
vous posséderiez
ils posséderaient

PAST
j'aurais possédé
tu aurais possédé
il aurait possédé
nous aurions possédé
vous auriez possédé
ils auraient possédé

IMPERATIVE

possède
possédons
possédez

SUBJUNCTIVE

PRESENT
je possède
tu possèdes
il possède
nous possédions
vous possédiez
ils possèdent

IMPERFECT
je possédasse
tu possédasses
il possédât
nous possédassions
vous possédassiez
ils possédassent

PERFECT
j'aie possédé
tu aies possédé
il ait possédé
nous ayons possédé
vous ayez possédé
ils aient possédé

INFINITIVE

PRESENT
posséder

PAST
avoir possédé

PARTICIPLE

PRESENT
possédant

PAST
possédé

PRESENT	IMPERFECT	FUTURE
je pourvois	je pourvoyais	je pourvoirai
tu pourvois	tu pourvoyais	tu pourvoiras
il pourvoit	il pourvoyait	il pourvoira
nous pourvoyons	nous pourvoyions	nous pourvoirons
vous pourvoyez	vous pourvoyiez	vous pourvoirez
ils pourvoient	ils pourvoyaient	ils pourvoiront

PAST HISTORIC	PERFECT	PLUPERFECT
je pourvus	j'ai pourvu	j'avais pourvu
tu pourvus	tu as pourvu	tu avais pourvu
il pourvut	il a pourvu	il avait pourvu
nous pourvûmes	nous avons pourvu	nous avions pourvu
vous pourvûtes	vous avez pourvu	vous aviez pourvu
ils pourvurent	ils ont pourvu	ils avaient pourvu

PAST ANTERIOR	FUTURE PERFECT
j'eus pourvu *etc*	j'aurai pourvu *etc*

CONDITIONAL   IMPERATIVE

PRESENT	PAST	
je pourvoirais	j'aurais pourvu	pourvois
tu pourvoirais	tu aurais pourvu	pourvoyons
il pourvoirait	il aurait pourvu	pourvoyez
nous pourvoirions	nous aurions pourvu	
vous pourvoiriez	vous auriez pourvu	
ils pourvoiraient	ils auraient pourvu	

SUBJUNCTIVE

PRESENT	IMPERFECT	PERFECT
je pourvoie	je pourvusse	j'aie pourvu
tu pourvoies	tu pourvusses	tu aies pourvu
il pourvoie	il pourvût	il ait pourvu
nous pourvoyions	nous pourvussions	nous ayons pourvu
vous pourvoyiez	vous pourvussiez	vous ayez pourvu
ils pourvoient	ils pourvussent	ils aient pourvu

INFINITIVE   PARTICIPLE

PRESENT	PRESENT
pourvoir	pourvoyant

PAST	PAST
avoir pourvu	pourvu

PRESENT
je pousse
tu pousses
il pousse
nous poussons
vous poussez
ils poussent

IMPERFECT
je poussais
tu poussais
il poussait
nous poussions
vous poussiez
ils poussaient

FUTURE
je pousserai
tu pousseras
il poussera
nous pousserons
vous pousserez
ils pousseront

PAST HISTORIC
je poussai
tu poussas
il poussa
nous poussâmes
vous poussâtes
ils poussèrent

PERFECT
j'ai poussé
tu as poussé
il a poussé
nous avons poussé
vous avez poussé
ils ont poussé

PLUPERFECT
j'avais poussé
tu avais poussé
il avait poussé
nous avions poussé
vous aviez poussé
ils avaient poussé

PAST ANTERIOR
j'eus poussé *etc*

FUTURE PERFECT
j'aurai poussé *etc*

CONDITIONAL

IMPERATIVE

PRESENT
je pousserais
tu pousserais
il pousserait
nous pousserions
vous pousseriez
ils pousseraient

PAST
j'aurais poussé
tu aurais poussé
il aurait poussé
nous aurions poussé
vous auriez poussé
ils auraient poussé

pousse
poussons
poussez

SUBJUNCTIVE

PRESENT
je pousse
tu pousses
il pousse
nous poussions
vous poussiez
ils poussent

IMPERFECT
je poussasse
tu poussasses
il poussât
nous poussassions
vous poussassiez
ils poussassent

PERFECT
j'aie poussé
tu aies poussé
il ait poussé
nous ayons poussé
vous ayez poussé
ils aient poussé

INFINITIVE

PARTICIPLE

PRESENT
pousser

PRESENT
poussant

PAST
avoir poussé

PAST
poussé

POUVOIR
155 *to be able to*

PRESENT	IMPERFECT	FUTURE
je peux	je pouvais	je pourrai
tu peux	tu pouvais	tu pourras
il peut	il pouvait	il pourra
nous pouvons	nous pouvions	nous pourrons
vous pouvez	vous pouviez	vous pourrez
ils peuvent	ils pouvaient	ils pourront

PAST HISTORIC	PERFECT	PLUPERFECT
je pus	j'ai pu	j'avais pu
tu pus	tu as pu	tu avais pu
il put	il a pu	il avait pu
nous pûmes	nous avons pu	nous avions pu
vous pûtes	vous avez pu	vous aviez pu
ils purent	ils ont pu	ils avaient pu

PAST ANTERIOR	FUTURE PERFECT
j'eus pu *etc*	j'aurai pu *etc*

CONDITIONAL

IMPERATIVE

PRESENT	PAST
je pourrais	j'aurais pu
tu pourrais	tu aurais pu
il pourrait	il aurait pu
nous pourrions	nous aurions pu
vous pourriez	vous auriez pu
ils pourraient	ils auraient pu

SUBJUNCTIVE

PRESENT	IMPERFECT	PERFECT
je puisse	je pusse	j'aie pu
tu puisses	tu pusses	tu aies pu
il puisse	il pût	il ait pu
nous puissions	nous pussions	nous ayons pu
vous puissiez	vous pussiez	vous ayez pu
ils puissent	ils pussent	ils aient pu

INFINITIVE

PARTICIPLE

PRESENT	PRESENT
pouvoir	pouvant

PAST	PAST
avoir pu	pu

PRESENT	**IMPERFECT**	**FUTURE**
je préfère	je préférais	je préférerai
tu préfères	tu préférais	tu préféreras
il préfère	il préférait	il préférera
nous préférons	nous préférions	nous préférerons
vous préférez	vous préfériez	vous préférerez
ils préfèrent	ils préféraient	ils préféreront

PAST HISTORIC	**PERFECT**	**PLUPERFECT**
je préférai	j'ai préféré	j'avais préféré
tu préféras	tu as préféré	tu avais préféré
il préféra	il a préféré	il avait préféré
nous préférâmes	nous avons préféré	nous avons préféré
vous préférâtes	vous avez préféré	vous aviez préféré
ils préférèrent	ils ont préféré	ils avaient préféré

PAST ANTERIOR	**FUTURE PERFECT**
j'eus préféré *etc*	j'aurai préféré *etc*

CONDITIONAL

		IMPERATIVE
PRESENT	**PAST**	
je préférerais	j'aurais préféré	préfère
tu préférerais	tu aurais préféré	préférons
il préférerait	il aurait préféré	préférez
nous préférerions	nous aurions préféré	
vous préféreriez	vous auriez préféré	
ils préféreraient	ils auraient préféré	

SUBJUNCTIVE

PRESENT	**IMPERFECT**	**PERFECT**
je préfère	je préférasse	j'aie préféré
tu préfères	tu préférasses	tu aies préféré
il préfère	il préférât	il ait préféré
nous préférions	nous préférassions	nous ayons préféré
vous préfériez	vous préférassiez	vous ayez préféré
ils préfèrent	ils préférassent	ils aient préféré

INFINITIVE

PARTICIPLE

PRESENT	**PRESENT**
préférer	préférant
PAST	**PAST**
avoir préféré	préféré

PRENDRE
157 *to take*

PRESENT	IMPERFECT	FUTURE
je prends	je prenais	je prendrai
tu prends	tu prenais	tu prendras
il prend	il prenait	il prendra
nous prenons	nous prenions	nous prendrons
vous prenez	vous preniez	vous prendrez
ils prennent	ils prenaient	ils prendront

PAST HISTORIC	PERFECT	PLUPERFECT
je pris	j'ai pris	j'avais pris
tu pris	tu as pris	tu avais pris
il prit	il a pris	il avait pris
nous prîmes	nous avons pris	nous avions pris
vous prîtes	vous avez pris	vous aviez pris
ils prirent	ils ont pris	ils avaient pris

PAST ANTERIOR	FUTURE PERFECT
j'eus pris *etc*	j'aurai pris *etc*

CONDITIONAL

PRESENT	PAST
je prendrais	j'aurais pris
tu prendrais	tu aurais pris
il prendrait	il aurait pris
nous prendrions	nous aurions pris
vous prendriez	vous auriez pris
ils prendraient	ils auraient pris

IMPERATIVE

prends
prenons
prenez

SUBJUNCTIVE

PRESENT	IMPERFECT	PERFECT
je prenne	je prisse	j'aie pris
tu prennes	tu prisses	tu aies pris
il prenne	il prît	il ait pris
nous prenions	nous prissions	nous ayons pris
vous preniez	vous prissiez	vous ayez pris
ils prennent	ils prissent	ils aient pris

INFINITIVE

PARTICIPLE

PRESENT
prendre

PRESENT
prenant

PAST
avoir pris

PAST
pris

PRESENT
je prévaux
tu prévaux
il prévaut
nous prévalons
vous prévalez
ils prévalent

IMPERFECT
je prévalais
tu prévalais
il prévalait
nous prévalions
vous prévaliez
ils prévalaient

FUTURE
je prévaudrai
tu prévaudras
il prévaudra
nous prévaudrons
vous prévaudrez
ils prévaudront

PAST HISTORIC
je prévalus
tu prévalus
il prévalut
nous prévalûmes
vous prévalûtes
ils prévalurent

PERFECT
j'ai prévalu
tu as prévalu
il a prévalu
nous avons prévalu
vous avez prévalu
ils ont prévalu

PLUPERFECT
j'avais prévalu
tu avais prévalu
il avait prévalu
nous avions prévalu
vous aviez prévalu
ils avaient prévalu

PAST ANTERIOR
J'eus prévalu *etc*

FUTURE PERFECT
j'aurai prévalu *etc*

CONDITIONAL

PRESENT
je prévaudrais
tu prévaudrais
il prévaudrait
nous prévaudrions
vous prévaudriez
ils prévaudraient

PAST
j'aurais prévalu
tu aurais prévalu
il aurait prévalu
nous aurions prévalu
vous auriez prévalu
ils auraient prévalu

IMPERATIVE

prévaux
prévalons
prévalez

SUBJUNCTIVE

PRESENT
je prévale
tu prévales
il prévale
nous prévalions
vous prévaliez
ils prévalent

IMPERFECT
je prévalusse
tu prévalusses
il prévalût
nous prévalussions
vous prévalussiez
ils prévalussent

PERFECT
j'aie prévalu
tu aies prévalu
il ait prévalu
nous ayons prévalu
vous ayez prévalu
ils aient prévalu

INFINITIVE

PRESENT
prévaloir

PAST
avoir prévalu

PARTICIPLE

PRESENT
prévalant

PAST
prévalu

PRÉVENIR
159 *to warn*

PRESENT	IMPERFECT	FUTURE
je préviens	je prévenais	je préviendrai
tu préviens	tu prévenais	tu préviendras
il prévient	il prévenait	il préviendra
nous prévenons	nous prévenions	nous préviendrons
vous prévenez	vous préveniez	vous préviendrez
ils préviennent	ils prévenaient	ils préviendront

PAST HISTORIC	PERFECT	PLUPERFECT
je prévins	j'ai prévenu	j'avais prévenu
tu prévins	tu as prévenu	tu avais prévenu
il prévint	il a prévenu	il avait prévenu
nous prévînmes	nous avons prévenu	nous avions prévenu
vous prévîntes	vous avez prévenu	vous aviez prévenu
ils prévinrent	ils ont prévenu	ils avaient prévenu

PAST ANTERIOR	FUTURE PERFECT
j'eus prévenu *etc*	j'aurai prévenu *etc*

CONDITIONAL

PRESENT	PAST	IMPERATIVE
je préviendrais	j'aurais prévenu	préviens
tu préviendrais	tu aurais prévenu	prévenons
il préviendrait	il aurait prévenu	prévenez
nous préviendrions	nous aurions prévenu	
vous préviendriez	vous auriez prévenu	
ils préviendraient	ils auraient prévenu	

SUBJUNCTIVE

PRESENT	IMPERFECT	PERFECT
je prévienne	je prévinsse	j'aie prévenu
tu préviennes	tu prévinsses	tu aies prévenu
il prévienne	il prévînt	il ait prévenu
nous prévenions	nous prévinssions	nous ayons prévenu
vous préveniez	vous prévinssiez	vous ayez prévenu
ils préviennent	ils prévinssent	ils aient prévenu

INFINITIVE	PARTICIPLE	NOTE
PRESENT	**PRESENT**	convenir takes the
prévenir	prévenant	auxiliary **être** when it
PAST	**PAST**	means 'to agree'
avoir prévenu	prévenu	

PRESENT	IMPERFECT	FUTURE
je prévois	je prévoyais	je prévoirai
tu prévois	tu prévoyais	tu prévoiras
il prévoit	il prévoyait	il prévoira
nous prévoyons	nous prévoyions	nous prévoirons
vous prévoyez	vous prévoyiez	vous prévoirez
ils prévoient	ils prévoyaient	ils prévoiront

PAST HISTORIC	PERFECT	PLUPERFECT
je prévis	j'ai prévu	j'avais prévu
tu prévis	tu as prévu	tu avais prévu
il prévit	il a prévu	il avait prévu
nous prévîmes	nous avons prévu	nous avions prévu
vous prévîtes	vous avez prévu	vous aviez prévu
ils prévirent	ils ont prévu	ils avaient prévu

PAST ANTERIOR	FUTURE PERFECT
j'eus prévu *etc*	j'aurai prévu *etc*

CONDITIONAL

| | IMPERATIVE |

PRESENT	PAST	
je prévoirais	j'aurais prévu	prévois
tu prévoirais	tu aurais prévu	prévoyons
il prévoirait	il aurait prévu	prévoyez
nous prévoirions	nous aurions prévu	
vous prévoiriez	vous auriez prévu	
ils prévoiraient	ils auraient prévu	

SUBJUNCTIVE

PRESENT	IMPERFECT	PERFECT
je prévoie	je prévisse	j'aie prévu
tu prévoies	tu prévisses	tu aies prévu
il prévoie	il prévît	il ait prévu
nous prévoyions	nous prévissions	nous ayons prévu
vous prévoyiez	vous prévissiez	vous ayez prévu
ils prévoient	ils prévissent	ils aient prévu

INFINITIVE

PARTICIPLE

PRESENT	PRESENT
prévoir	prévoyant

PAST	PAST
avoir prévu	prévu

PROMETTRE
161 *to promise*

PRESENT
je promets
tu promets
il promet
nous promettons
vous promettez
ils promettent

IMPERFECT
je promettais
tu promettais
il promettait
nous promettions
vous promettiez
ils promettaient

FUTURE
je promettrai
tu promettras
il promettra
nous promettrons
vous promettrez
ils promettront

PAST HISTORIC
je promis
tu promis
il promit
nous promîmes
vous promîtes
ils promirent

PERFECT
j'ai promis
tu as promis
il a promis
nous avons promis
vous avez promis
ils ont promis

PLUPERFECT
j'avais promis
tu avais promis
il avait promis
nous avions promis
vous aviez promis
ils avaient promis

PAST ANTERIOR
j'eus promis *etc*

FUTURE PERFECT
j'aurai promis *etc*

CONDITIONAL

PRESENT
je promettrais
tu promettrais
il promettrait
nous promettrions
vous promettriez
ils promettraient

PAST
j'aurais promis
tu aurais promis
il aurait promis
nous aurions promis
vous auriez promis
ils auraient promis

IMPERATIVE

promets
promettons
promettez

SUBJUNCTIVE

PRESENT
je promette
tu promettes
il promette
nous promettions
vous promettiez
ils promettent

IMPERFECT
je promisse
tu promisses
il promît
nous promissions
vous promissiez
ils promissent

PERFECT
j'aie promis
tu aies promis
il ait promis
nous ayons promis
vous ayez promis
ils aient promis

INFINITIVE

PRESENT
promettre

PAST
avoir promis

PARTICIPLE

PRESENT
promettant

PAST
promis

PRESENT	IMPERFECT	FUTURE
PAST HISTORIC	**PERFECT**	**PLUPERFECT**
	j'ai promu	j'avais promu
	tu as promu	tu avais promu
	il a promu	il avait promu
	nous avons promu	nous avions promu
	vous avez promu	vous aviez promu
	ils ont promu	ils avaient promu
PAST ANTERIOR	**FUTURE PERFECT**	
j'eus promu *etc*	j'aurai promu *etc*	

CONDITIONAL		IMPERATIVE
PRESENT	**PAST**	
	j'aurais promu	
	tu aurais promu	
	il aurait promu	
	nous aurions promu	
	vous auriez promu	
	ils auraient promu	

SUBJUNCTIVE		
PRESENT	**IMPERFECT**	**PERFECT**
		j'aie promu
		tu aies promu
		il alt promu
		nous ayons promu
		vous ayez promu
		ils aient promu

INFINITIVE	PARTICIPLE
PRESENT	**PRESENT**
promouvoir	promouvant
PAST	**PAST**
avoir promu	promu

PRESENT	IMPERFECT	FUTURE
je protège	je protégeais	je protégerai
tu protèges	tu protégeais	tu protégeras
il protège	il protégeait	il protégera
nous protégeons	nous protégions	nous protégerons
vous protégez	vous protégiez	vous protégerez
ils protègent	ils protégeaient	ils protégeront

PAST HISTORIC	PERFECT	PLUPERFECT
je protégeai	j'ai protégé	j'avais protégé
tu protégeas	tu as protégé	tu avais protégé
il protégea	il a protégé	il avait protégé
nous protégeâmes	nous avons protégé	nous avions protégé
vous protégeâtes	vous avez protégé	vous aviez protégé
ils protégèrent	ils ont protégé	ils avaient protégé

PAST ANTERIOR	FUTURE PERFECT
j'eus protégé *etc*	j'aurai protégé *etc*

CONDITIONAL

PRESENT	PAST
je protégerais	j'aurais protégé
tu protégerais	tu aurais protégé
il protégerait	il aurait protégé
nous protégerions	nous aurions protégé
vous protégeriez	vous auriez protégé
ils protégeraient	ils auraient protégé

IMPERATIVE

protège
protégeons
protégez

SUBJUNCTIVE

PRESENT	IMPERFECT	PERFECT
je protège	je protégeasse	j'aie protégé
tu protèges	tu protégeasses	tu aies protégé
il protège	il protégeât	il ait protégé
nous protégions	nous protégeassions	nous ayons protégé
vous protégiez	vous protégeassiez	vous ayez protégé
ils protègent	ils protégeassent	ils aient protégé

INFINITIVE

PRESENT
protéger

PAST
avoir protégé

PARTICIPLE

PRESENT
protégeant

PAST
protégé

PRESENT	IMPERFECT	FUTURE
je pue	je puais	je puerai
tu pues	tu puais	tu pueras
il pue	il puait	il puera
nous puons	nous puions	nous puerons
vous puez	vous puiez	vous puerez
ils puent	ils puaient	ils pueront

PAST HISTORIC	PERFECT	PLUPERFECT
	j'ai pué	j'avais pué
	tu as pué	tu avais pué
	il a pué	il avait pué
	nous avons pué	nous avions pué
	vous avez pué	vous aviez pué
	ils ont pué	ils avaient pué

PAST ANTERIOR	FUTURE PERFECT
j'eus pué *etc*	j'aurai pué *etc*

CONDITIONAL

IMPERATIVE

PRESENT	PAST
je puerais	j'aurais pué
tu puerais	tu aurais pué
il puerait	il aurait pué
nous puerions	nous aurions pué
vous pueriez	vous auriez pué
ils pueraient	ils auraient pué

SUBJUNCTIVE

PRESENT	IMPERFECT	PERFECT
Je pue		j'aie pué
tu pues		tu aies pué
il pue		il ait pué
nous puions		nous ayons pué
vous puiez		vous ayez pué
ils puent		ils aient pué

INFINITIVE

PARTICIPLE

PRESENT	PRESENT
puer	puant

PAST	PAST
avoir pué	pué

RAPIÉCER
165 *to mend*

PRESENT	IMPERFECT	FUTURE
je rapièce	je rapiéçais	je rapiécerai
tu rapièces	tu rapiéçais	tu rapiéceras
il rapièce	il rapiéçait	il rapiécera
nous rapiéçons	nous rapiécions	nous rapiécerons
vous rapiécez	vous rapiéciez	vous rapiécerez
ils rapiècent	ils rapiéçaient	ils rapiéceront

PAST HISTORIC	PERFECT	PLUPERFECT
je rapiéçai	j'ai rapiécé	j'avais rapiécé
tu rapiéças	tu as rapiécé	tu avais rapiécé
il rapiéça	il a rapiécé	il avait rapiécé
nous rapiéçâmes	nous avons rapiécé	nous avions rapiécé
vous rapiéçâtes	vous avez rapiécé	vous aviez rapiécé
ils rapiécèrent	ils ont rapiécé	ils avaient rapiécé

PAST ANTERIOR	FUTURE PERFECT
j'eus rapiécé *etc*	j'aurai rapiécé *etc*

CONDITIONAL

IMPERATIVE

PRESENT	PAST	
je rapiécerais	j'aurais rapiécé	rapièce
tu rapiécerais	tu aurais rapiécé	rapiéçons
il rapiécerait	il aurait rapiécé	rapiécez
nous rapiécerions	nous aurions rapiécé	
vous rapiéceriez	vous auriez rapiécé	
ils rapiéceraient	ils auraient rapiécé	

SUBJUNCTIVE

PRESENT	IMPERFECT	PERFECT
je rapièce	je rapiéçasse	j'aie rapiécé
tu rapièces	tu rapiéçasses	tu aies rapiécé
il rapièce	il rapiéçât	il ait rapiécé
nous rapiécions	nous rapiéçassions	nous ayons rapiécé
vous rapiéciez	vous rapiéçassiez	vous ayez rapiécé
ils rapiècent	ils rapiéçassent	ils aient rapiécé

INFINITIVE

PARTICIPLE

PRESENT	PRESENT
rapiécer	rapiéçant

PAST	PAST
avoir rapiécé	rapiécé

PRESENT	IMPERFECT	FUTURE
je reçois	je recevais	je recevrai
tu reçois	tu recevais	tu recevras
il reçoit	il recevait	il recevra
nous recevons	nous recevions	nous recevrons
vous recevez	vous receviez	vous recevrez
ils reçoivent	ils recevaient	ils recevront

PAST HISTORIC	PERFECT	PLUPERFECT
je reçus	j'ai reçu	j'avais reçu
tu reçus	tu as reçu	tu avais reçu
il reçut	il a reçu	il avait reçu
nous reçûmes	nous avons reçu	nous avions reçu
vous reçûtes	vous avez reçu	vous aviez reçu
ils reçurent	ils ont reçu	ils avaient reçu

PAST ANTERIOR	FUTURE PERFECT
j'eus reçu *etc*	j'aurai reçu *etc*

CONDITIONAL

PRESENT	PAST
je recevrais	j'aurais reçu
tu recevrais	tu aurais reçu
il recevrait	il aurait reçu
nous recevrions	nous aurions reçu
vous recevriez	vous auriez reçu
ils recevraient	ils auraient reçu

IMPERATIVE

reçois
recevons
recevez

SUBJUNCTIVE

PRESENT	IMPERFECT	PERFECT
je reçoive	je reçusse	j'aie reçu
tu reçoives	tu reçusses	tu aies reçu
il reçoive	il reçût	il ait reçu
nous recevions	nous reçussions	nous ayons reçu
vous receviez	vous reçussiez	vous ayez reçu
ils reçoivent	ils reçussent	ils aient reçu

INFINITIVE

PRESENT
recevoir

PAST
avoir reçu

PARTICIPLE

PRESENT
recevant

PAST
reçu

RÉFRÉNER
167 *to repress*

PRESENT	IMPERFECT	FUTURE
je réfrène	je réfrénais	je réfrénerai
tu réfrènes	tu réfrénais	tu réfréneras
il réfrène	il réfrénait	il réfrénera
nous réfrénons	nous réfrénions	nous réfrénerons
vous réfrénez	vous réfréniez	vous réfrénerez
ils réfrènent	ils réfrénaient	ils réfréneront

PAST HISTORIC	PERFECT	PLUPERFECT
je réfrénai	j'ai réfréné	j'avais réfréné
tu réfrénas	tu as réfréné	tu avais réfréné
il réfréna	il a réfréné	il avait réfréné
nous réfrénâmes	nous avons réfréné	nous avions réfréné
vous réfrénâtes	vous avez réfréné	vous aviez réfréné
ils réfrénèrent	ils ont réfréné	ils avaient réfréné

PAST ANTERIOR	FUTURE PERFECT
j'eus réfréné *etc*	j'aurai réfréné *etc*

CONDITIONAL

PRESENT	PAST
je réfrénerais	j'aurais réfréné
tu réfrénerais	tu aurais réfréné
il réfrénerait	il aurait réfréné
nous réfrénerions	nous aurions réfréné
vous réfréneriez	vous auriez réfréné
ils réfréneraient	ils auraient réfréné

IMPERATIVE

réfrène
réfrénons
réfrénez

SUBJUNCTIVE

PRESENT	IMPERFECT	PERFECT
je réfrène	je réfrénasse	j'aie réfréné
tu réfrènes	tu réfrénasses	tu aies réfréné
il réfrène	il réfrénât	il ait réfréné
nous réfrénions	nous réfrénassions	nous ayons réfréné
vous réfréniez	vous réfrénassiez	vous ayez réfréné
ils réfrènent	ils réfrénassent	ils aient réfréné

INFINITIVE

PRESENT
réfréner

PAST
avoir réfréné

PARTICIPLE

PRESENT
réfrénant

PAST
réfréné

PRESENT
je règle
tu règles
il règle
nous réglons
vous réglez
ils règlent

IMPERFECT
je réglais
tu réglais
il réglait
nous réglions
vous régliez
ils réglaient

FUTURE
je réglerai
tu régleras
il réglera
nous réglerons
vous réglerez
ils régleront

PAST HISTORIC
je réglai
tu réglas
il régla
nous réglâmes
vous réglâtes
ils réglèrent

PERFECT
j'ai réglé
tu as réglé
il a réglé
nous avons réglé
vous avez réglé
ils ont réglé

PLUPERFECT
j'avais réglé
tu avais réglé
il avait réglé
nous avions réglé
vous aviez réglé
ils avaient réglé

PAST ANTERIOR
j'eus réglé *etc*

FUTURE PERFECT
j'aurai réglé *etc*

CONDITIONAL

PRESENT
je réglerais
tu réglerais
il réglerait
nous réglerions
vous régleriez
ils régleraient

PAST
j'aurais réglé
tu aurais réglé
il aurait réglé
nous aurions réglé
vous auriez réglé
ils auraient réglé

IMPERATIVE

règle
réglons
réglez

SUBJUNCTIVE

PRESENT
je règle
tu règles
il règle
nous réglions
vous régliez
ils règlent

IMPERFECT
je réglasse
tu réglasses
il réglât
nous réglassions
vous réglassiez
ils réglassent

PERFECT
j'aie réglé
tu aies réglé
il ait réglé
nous ayons réglé
vous ayez réglé
ils aient réglé

INFINITIVE

PRESENT
régler

PAST
avoir réglé

PARTICIPLE

PRESENT
réglant

PAST
réglé

PRESENT	**IMPERFECT**	**FUTURE**
je règne	je régnais	je régnerai
tu règnes	tu régnais	tu régneras
il règne	il régnait	il régnera
nous régnons	nous régnions	nous régnerons
vous régnez	vous régniez	vous régnerez
ils règnent	ils régnaient	ils régneront

PAST HISTORIC	**PERFECT**	**PLUPERFECT**
je régnai	j'ai régné	j'avais régné
tu régnas	tu as régné	tu avais régné
il régna	il a régné	il avait régné
nous régnâmes	nous avons régné	nous avions régné
vous régnâtes	vous avez régné	vous aviez régné
ils régnèrent	ils ont régné	ils avaient régné

PAST ANTERIOR	**FUTURE PERFECT**	
j'eus régné *etc*	j'aurai régné *etc*	

CONDITIONAL

PRESENT	**PAST**
je régnerais	j'aurais régné
tu régnerais	tu aurais régné
il régnerait	il aurait régné
nous régnerions	nous aurions régné
vous régneriez	vous auriez régné
ils régneraient	ils auraient régné

IMPERATIVE

règne
régnons
régnez

SUBJUNCTIVE

PRESENT	**IMPERFECT**	**PERFECT**
je règne	je régnasse	j'aie régné
tu règnes	tu régnasses	tu aies régné
il règne	il régnât	il ait régné
nous régnions	nous régnassions	nous ayons régné
vous régniez	vous régnassiez	vous ayez régné
ils règnent	ils régnassent	ils aient régné

INFINITIVE

PRESENT
régner

PAST
avoir régné

PARTICIPLE

PRESENT
régnant

PAST
régné

PRESENT	**IMPERFECT**	**FUTURE**
je renais	je renaissais	je renaîtrai
tu renais	tu renaissais	tu renaîtras
il renaît	il renaissait	il renaîtra
nous renaissons	nous renaissions	nous renaîtrons
vous renaissez	vous renaissiez	vous renaîtrez
ils renaissent	ils renaissaient	ils renaîtront

PAST HISTORIC	**PERFECT**	**PLUPERFECT**
je renaquis		
tu renaquis		
il renaquit		
nous renaquîmes		
vous renaquîtes		
ils renaquirent		

PAST ANTERIOR	**FUTURE PERFECT**	

CONDITIONAL		*IMPERATIVE*
PRESENT	**PAST**	
je renaîtrais		renais
tu renaîtrais		renaissons
il renaîtrait		renaissez
nous renaîtrions		
vous renaîtriez		
ils renaîtraient		

SUBJUNCTIVE		
PRESENT	**IMPERFECT**	**PERFECT**
je renaisse	je renaquisse	
tu renaisses	tu renaquisses	
il renaisse	il renaquît	
nous renaissions	nous renaquissions	
vous renaissiez	vous renaquissiez	
ils renaissent	ils renaquissent	

INFINITIVE	*PARTICIPLE*
PRESENT	**PRESENT**
renaître	renaissant
PAST	**PAST**

RENDRE
171   *to give back*

PRESENT	IMPERFECT	FUTURE
je rends	je rendais	je rendrai
tu rends	tu rendais	tu rendras
il rend	il rendait	il rendra
nous rendons	nous rendions	nous rendrons
vous rendez	vous rendiez	vous rendrez
ils rendent	ils rendaient	ils rendront

PAST HISTORIC	PERFECT	PLUPERFECT
je rendis	j'ai rendu	j'avais rendu
tu rendis	tu as rendu	tu avais rendu
il rendit	il a rendu	il avait rendu
nous rendîmes	nous avons rendu	nous avions rendu
vous rendîtes	vous avez rendu	vous aviez rendu
ils rendirent	ils ont rendu	ils avaient rendu

PAST ANTERIOR	FUTURE PERFECT
j'eus rendu *etc*	j'aurai rendu *etc*

CONDITIONAL

PRESENT	PAST
je rendrais	j'aurais rendu
tu rendrais	tu aurais rendu
il rendrait	il aurait rendu
nous rendrions	nous aurions rendu
vous rendriez	vous auriez rendu
ils rendraient	ils auraient rendu

IMPERATIVE

rends
rendons
rendez

SUBJUNCTIVE

PRESENT	IMPERFECT	PERFECT
je rende	je rendisse	j'aie rendu
tu rendes	tu rendisses	tu aies rendu
il rende	il rendît	il ait rendu
nous rendions	nous rendissions	nous ayons rendu
vous rendiez	vous rendissiez	vous ayez rendu
ils rendent	ils rendissent	ils aient rendu

INFINITIVE

PRESENT	
rendre	

PAST
avoir rendu

PARTICIPLE

PRESENT
rendant

PAST
rendu

PRESENT	**IMPERFECT**	**FUTURE**
je rentre	je rentrais	je rentrerai
tu rentres	tu rentrais	tu rentreras
il rentre	il rentrait	il rentrera
nous rentrons	nous rentrions	nous rentrerons
vous rentrez	vous rentriez	vous rentrerez
ils rentrent	ils rentraient	ils rentreront

PAST HISTORIC	**PERFECT**	**PLUPERFECT**
je rentrai	je suis rentré	j'étais rentré
tu rentras	tu es rentré	tu étais rentré
il rentra	il est rentré	il était rentré
nous rentrâmes	nous sommes rentrés	nous étions rentrés
vous rentrâtes	vous êtes rentré(s)	vous étiez rentré(s)
ils rentrèrent	ils sont rentrés	ils étaient rentrés

PAST ANTERIOR	**FUTURE PERFECT**
je fus rentré *etc*	je serai rentré *etc*

CONDITIONAL		*IMPERATIVE*
PRESENT	**PAST**	
je rentrerais	je serais rentré	rentre
tu rentrerais	tu serais rentré	rentrons
il rentrerait	il serait rentré	rentrez
nous rentrerions	nous serions rentrés	
vous rentreriez	vous seriez rentré(s)	
ils rentreraient	ils seraient rentrés	

SUBJUNCTIVE		
PRESENT	**IMPERFECT**	**PERFECT**
je rentre	je rentrasse	je sois rentré
tu rentres	tu rentrasses	tu sois rentré
il rentre	il rentrât	il soit rentré
nous rentrions	nous rentrassions	nous soyons rentrés
vous rentriez	vous rentrassiez	vous soyez rentré(s)
ils rentrent	ils rentrassent	ils soient rentrés

INFINITIVE	*PARTICIPLE*	*NOTE*
PRESENT	**PRESENT**	rentrer takes the
rentrer	rentrant	auxiliary **avoir** when
PAST	**PAST**	transitive
être rentré	rentré	

197

RÉPANDRE
173 to spread

PRESENT	IMPERFECT	FUTURE
je répands	je répandais	je répandrai
tu répands	tu répandais	tu répandras
il répand	il répandait	il répandra
nous répandons	nous répandions	nous répandrons
vous répandez	vous répandiez	vous répandrez
ils répandent	ils répandaient	ils répandront

PAST HISTORIC	PERFECT	PLUPERFECT
je répandis	j'ai répandu	j'avais répandu
tu répandis	tu as répandu	tu avais répandu
il répandit	il a répandu	il avait répandu
nous répandîmes	nous avons répandu	nous avions répandu
vous répandîtes	vous avez répandu	vous aviez répandu
ils répandirent	ils ont répandu	ils avaient répandu

PAST ANTERIOR	FUTURE PERFECT
j'eus répandu *etc*	j'aurai répandu *etc*

CONDITIONAL

PRESENT	PAST	IMPERATIVE
je répandrais	j'aurais répandu	répands
tu répandrais	tu aurais répandu	répandons
il répandrait	il aurait répandu	répandez
nous répandrions	nous aurions répandu	
vous répandriez	vous auriez répandu	
ils répandraient	ils auraient répandu	

SUBJUNCTIVE

PRESENT	IMPERFECT	PERFECT
je répande	je répandisse	j'aie répandu
tu répandes	tu répandisses	tu aies répandu
il répande	il répandît	il ait répandu
nous répandions	nous répandissions	nous ayons répandu
vous répandiez	vous répandissiez	vous ayez répandu
ils répandent	ils répandissent	ils aient répandu

INFINITIVE	PARTICIPLE
PRESENT	PRESENT
répandre	répandant
PAST	PAST
avoir répandu	répandu

PRESENT	IMPERFECT	FUTURE
je réponds	je répondais	je répondrai
tu réponds	tu répondais	tu répondras
il répond	il répondait	il répondra
nous répondons	nous répondions	nous répondrons
vous répondez	vous répondiez	vous répondrez
ils répondent	ils répondaient	ils répondront

PAST HISTORIC	PERFECT	PLUPERFECT
je répondis	j'ai répondu	j'avais répondu
tu répondis	tu as répondu	tu avais répondu
il répondit	il a répondu	il avait répondu
nous répondîmes	nous avons répondu	nous avions répondu
vous répondîtes	vous avez répondu	vous aviez répondu
ils répondirent	ils ont répondu	ils avaient répondu

PAST ANTERIOR	FUTURE PERFECT
j'eus répondu *etc*	j'aurai répondu *etc*

CONDITIONAL

IMPERATIVE

PRESENT	PAST	
je répondrais	j'aurais répondu	réponds
tu répondrais	tu aurais répondu	répondons
il répondrait	il aurait répondu	répondez
nous répondrions	nous aurions répondu	
vous répondriez	vous auriez répondu	
ils répondraient	ils auraient répondu	

SUBJUNCTIVE

PRESENT	IMPERFECT	PERFECT
je réponde	je répondisse	j'aie répondu
tu répondes	tu répondisses	tu aies répondu
il réponde	il répondît	il ait répondu
nous répondions	nous répondissions	nous ayons répondu
vous répondiez	vous répondissiez	vous ayez répondu
ils répondent	ils répondissent	ils aient répondu

INFINITIVE

PARTICIPLE

PRESENT	PRESENT
répondre	répondant

PAST	PAST
avoir répondu	répondu

RÉSOUDRE
175 to solve

PRESENT	IMPERFECT	FUTURE
je résous	je résolvais	je résoudrai
tu résous	tu résolvais	tu résoudras
il résout	il résolvait	il résoudra
nous résolvons	nous résolvions	nous résoudrons
vous résolvez	vous résolviez	vous résoudrez
ils résolvent	ils résolvaient	ils résoudront

PAST HISTORIC	PERFECT	PLUPERFECT
je résolus	j'ai résolu	j'avais résolu
tu résolus	tu as résolu	tu avais résolu
il résolut	il a résolu	il avait résolu
nous résolûmes	nous avons résolu	nous avions résolu
vous résolûtes	vous avez résolu	vous aviez résolu
ils résolurent	ils ont résolu	ils avaient résolu

PAST ANTERIOR	FUTURE PERFECT
j'eus résolu *etc*	j'aurai résolu *etc*

CONDITIONAL

PRESENT	PAST
je résoudrais	j'aurais résolu
tu résoudrais	tu aurais résolu
il résoudrait	il aurait résolu
nous résoudrions	nous aurions résolu
vous résoudriez	vous auriez résolu
ils résoudraient	ils auraient résolu

IMPERATIVE

résous
résolvons
résolvez

SUBJUNCTIVE

PRESENT	IMPERFECT	PERFECT
je résolve	je résolusse	j'aie résolu
tu résolves	tu résolusses	tu aies résolu
il résolve	il résolût	il ait résolu
nous résolvions	nous résolussions	nous ayons résolu
vous résolviez	vous résolussiez	vous ayez résolu
ils résolvent	ils résolussent	ils aient résolu

INFINITIVE

PRESENT
résoudre

PAST
avoir résolu

PARTICIPLE

PRESENT
résolvant

PAST
résolu

PRESENT	**IMPERFECT**	**FUTURE**
je reste	je restais	je resterai
tu restes	tu restais	tu resteras
il reste	il restait	il restera
nous restons	nous restions	nous resterons
vous restez	vous restiez	vous resterez
ils restent	ils restaient	ils resteront

PAST HISTORIC	**PERFECT**	**PLUPERFECT**
je restai	je suis resté	j'étais resté
tu restas	tu es resté	tu étais resté
il resta	il est resté	il était resté
nous restâmes	nous sommes restés	nous étions restés
vous restâtes	vous êtes resté(s)	vous étiez resté(s)
ils restèrent	ils sont restés	ils étaient restés

PAST ANTERIOR	**FUTURE PERFECT**	
je fus resté *etc*	je serai resté *etc*	

CONDITIONAL

IMPERATIVE

PRESENT	**PAST**	
je resterais	je serais resté	reste
tu resterais	tu serais resté	restons
il resterait	il serait resté	restez
nous resterions	nous serions restés	
vous resteriez	vous seriez resté(s)	
ils resteraient	ils seraient restés	

SUBJUNCTIVE

PRESENT	**IMPERFECT**	**PERFECT**
je reste	je restasse	je sois resté
tu restes	tu restasses	tu sois resté
il reste	il restât	il soit resté
nous restions	nous restassions	nous soyons restés
vous restiez	vous restassiez	vous soyez resté(s)
ils restent	ils restassent	ils soient restés

INFINITIVE

PARTICIPLE

PRESENT	**PRESENT**
rester	restant
PAST	**PAST**
être resté	resté

PRESENT	IMPERFECT	FUTURE
je retourne	je retournais	je retournerai
tu retournes	tu retournais	tu retourneras
il retourne	il retournait	il retournera
nous retournons	nous retournions	nous retournerons
vous retournez	vous retourniez	vous retournerez
ils retournent	ils retournaient	ils retourneront

PAST HISTORIC	PERFECT	PLUPERFECT
je retournai	je suis retourné	j'étais retourné
tu retournas	tu es retourné	tu étais retourné
il retourna	il est retourné	il était retourné
nous retournâmes	nous sommes retournés	nous étions retournés
vous retournâtes	vous êtes retourné(s)	vous étiez retourné(s)
ils retournèrent	ils sont retournés	ils étaient retournés

PAST ANTERIOR	FUTURE PERFECT
je fus retourné *etc*	je serai retourné *etc*

CONDITIONAL

IMPERATIVE

PRESENT	PAST	
je retournerais	je serais retourné	retourne
tu retournerais	tu serais retourné	retournons
il retournerait	il serait retourné	retournez
nous retournerions	nous serions retournés	
vous retourneriez	vous seriez retourné(s)	
ils retourneraient	ils seraient retournés	

SUBJUNCTIVE

PRESENT	IMPERFECT	PERFECT
je retourne	je retournasse	je sois retourné
tu retournes	tu retournasses	tu sois retourné
il retourne	il retournât	il soit retourné
nous retournions	nous retournassions	nous soyons retournés
vous retourniez	vous retournassiez	vous soyez retourné(s)
ils retournent	ils retournassent	ils soient retournés

INFINITIVE

PARTICIPLE

NOTE

PRESENT	PRESENT	
retourner	retournant	retourner takes the auxiliary avoir when transitive

PAST	PAST
être retourné	retourné

PRESENT	**IMPERFECT**	**FUTURE**
je révèle	je révélais	je révélerai
tu révèles	tu révélais	tu révéleras
il révèle	il révélait	il révélera
nous révélons	nous révélions	nous révélerons
vous révélez	vous révéliez	vous révélerez
ils révèlent	ils révélaient	ils révéleront

PAST HISTORIC	**PERFECT**	**PLUPERFECT**
je révélai	j'ai révélé	j'avais révélé
tu révélas	tu as révélé	tu avais révélé
il révéla	il a révélé	il avait révélé
nous révélâmes	nous avons révélé	nous avions révélé
vous révélâtes	vous avez révélé	vous aviez révélé
ils révélèrent	ils ont révélé	ils avaient révélé

PAST ANTERIOR	**FUTURE PERFECT**
j'eus révélé *etc*	j'aurai révélé *etc*

CONDITIONAL

PRESENT	**PAST**
je révélerais	j'aurais révélé
tu révélerais	tu aurais révélé
il révélerait	il aurait révélé
nous révélerions	nous aurions révélé
vous révéleriez	vous auriez révélé
ils révéleraient	ils auraient révélé

IMPERATIVE

révèle
révélons
révélez

SUBJUNCTIVE

PRESENT	**IMPERFECT**	**PERFECT**
je révèle	je révélasse	j'aie révélé
tu révèles	tu révélasses	tu aies révélé
il révèle	il révélât	il ait révélé
nous révélions	nous révélassions	nous ayons révélé
vous révéliez	vous révélassiez	vous ayez révélé
ils révèlent	ils révélassent	ils aient révélé

INFINITIVE

PRESENT
révéler

PAST
avoir révélé

PARTICIPLE

PRESENT
révélant

PAST
révélé

PRESENT	IMPERFECT	FUTURE
je reviens	je revenais	je reviendrai
tu reviens	tu revenais	tu reviendras
il revient	il revenait	il reviendra
nous revenons	nous revenions	nous reviendrons
vous revenez	vous reveniez	vous reviendrez
ils reviennent	ils revenaient	ils reviendront

PAST HISTORIC	PERFECT	PLUPERFECT
je revins	je suis revenu	j'étais revenu
tu revins	tu es revenu	tu étais revenu
il revint	il est revenu	il était revenu
nous revînmes	nous sommes revenus	nous étions revenus
vous revîntes	vous êtes revenu(s)	vous étiez revenu(s)
ils revinrent	ils sont revenus	ils étaient revenus

PAST ANTERIOR	FUTURE PERFECT	
je fus revenu *etc*	je serai revenu *etc*	

CONDITIONAL

IMPERATIVE

PRESENT	PAST	
je reviendrais	je serais revenu	reviens
tu reviendrais	tu serais revenu	revenons
il reviendrait	il serait revenu	revenez
nous reviendrions	nous serions revenus	
vous reviendriez	vous seriez revenu(s)	
ils reviendraient	ils seraient revenus	

SUBJUNCTIVE

PRESENT	IMPERFECT	PERFECT
je revienne	je revinsse	je sois revenu
tu reviennes	tu revinsses	tu sois revenu
il revienne	il revînt	il soit revenu
nous revenions	nous revinssions	nous soyons revenus
vous reveniez	vous revinssiez	vous soyez revenu(s)
ils reviennent	ils revinssent	ils soient revenus

INFINITIVE

PARTICIPLE

PRESENT	PRESENT
revenir	revenant

PAST	PAST
être revenu	revenu

PRESENT	IMPERFECT	FUTURE
je ris	je riais	je rirai
tu ris	tu riais	tu riras
il rit	il riait	il rira
nous rions	nous riions	nous rirons
vous riez	vous riiez	vous rirez
ils rient	ils riaient	ils riront

PAST HISTORIC	PERFECT	PLUPERFECT
je ris	j'ai ri	j'avais ri
tu ris	tu as ri	tu avais ri
il rit	il a ri	il avait ri
nous rîmes	nous avons ri	nous avions ri
vous rîtes	vous avez ri	vous aviez ri
ils rirent	ils ont ri	ils avaient ri

PAST ANTERIOR	FUTURE PERFECT
j'eus ri *etc*	j'aurai ri *etc*

CONDITIONAL

		IMPERATIVE
PRESENT	PAST	
je rirais	j'aurais ri	ris
tu rirais	tu aurais ri	rions
il rirait	il aurait ri	riez
nous ririons	nous aurions ri	
vous ririez	vous auriez ri	
ils riraient	ils auraient ri	

SUBJUNCTIVE

PRESENT	IMPERFECT	PERFECT
je rie	je risse	j'aie ri
tu ries	tu risses	tu aies ri
il rie	il rît	il ait ri
nous riions	nous rissions	nous ayons ri
vous riiez	vous rissiez	vous ayez ri
ils rient	ils rissent	ils aient ri

INFINITIVE | PARTICIPLE

INFINITIVE	PARTICIPLE
PRESENT	PRESENT
rire	riant
PAST	PAST
avoir ri	ri

PRESENT	IMPERFECT	FUTURE
je romps	je rompais	je romprai
tu romps	tu rompais	tu rompras
il rompt	il rompait	il rompra
nous rompons	nous rompions	nous romprons
vous rompez	vous rompiez	vous romprez
ils rompent	ils rompaient	ils rompront

PAST HISTORIC	PERFECT	PLUPERFECT
je rompis	j'ai rompu	j'avais rompu
tu rompis	tu as rompu	tu avais rompu
il rompit	il a rompu	il avait rompu
nous rompîmes	nous avons rompu	nous avions rompu
vous rompîtes	vous avez rompu	vous aviez rompu
ils rompirent	ils ont rompu	ils avaient rompu

PAST ANTERIOR	FUTURE PERFECT
j'eus rompu *etc*	j'aurai rompu *etc*

CONDITIONAL

PRESENT	PAST
je romprais	j'aurais rompu
tu romprais	tu aurais rompu
il romprait	il aurait rompu
nous romprions	nous aurions rompu
vous rompriez	vous auriez rompu
ils rompraient	ils auraient rompu

IMPERATIVE

romps
rompons
rompez

SUBJUNCTIVE

PRESENT	IMPERFECT	PERFECT
je rompe	je rompisse	j'aie rompu
tu rompes	tu rompisses	tu aies rompu
il rompe	il rompît	il ait rompu
nous rompions	nous rompissions	nous ayons rompu
vous rompiez	vous rompissiez	vous ayez rompu
ils rompent	ils rompissent	ils aient rompu

INFINITIVE

PRESENT
rompre

PAST
avoir rompu

PARTICIPLE

PRESENT
rompant

PAST
rompu

PRESENT	**IMPERFECT**	**FUTURE**
il saille	il saillait	il saillera
ils saillent	ils saillaient	ils sailleront

PAST HISTORIC	**PERFECT**	**PLUPERFECT**
il saillit	il a sailli	il avait sailli
ils saillirent	ils ont sailli	ils avaient sailli

PAST ANTERIOR	**FUTURE PERFECT**	
il eut sailli	il aura sailli	
ils eurent sailli	ils auront sailli	

CONDITIONAL   IMPERATIVE

PRESENT	**PAST**
il saillerait	il aurait sailli
ils sailleraient	ils auraient sailli

SUBJUNCTIVE

PRESENT	**IMPERFECT**	**PERFECT**
il saille	il saillît	il ait sailli
ils saillent	ils saillissent	ils aient sailli

INFINITIVE   PARTICIPLE

PRESENT	**PRESENT**
saillir	saillant

PAST	**PAST**
avoir sailli	sailli

SAVOIR
183 *to know*

PRESENT	**IMPERFECT**	**FUTURE**
je sais	je savais	je saurai
tu sais	tu savais	tu sauras
il sait	il savait	il saura
nous savons	nous savions	nous saurons
vous savez	vous saviez	vous saurez
ils savent	ils savaient	ils sauront

PAST HISTORIC	**PERFECT**	**PLUPERFECT**
je sus	j'ai su	j'avais su
tu sus	tu as su	tu avais su
il sut	il a su	il avait su
nous sûmes	nous avons su	nous avions su
vous sûtes	vous avez su	vous aviez su
ils surent	ils ont su	ils avaient su

PAST ANTERIOR	**FUTURE PERFECT**
j'eus su *etc*	j'aurai su *etc*

CONDITIONAL

PRESENT	**PAST**
je saurais	j'aurais su
tu saurais	tu aurais su
il saurait	il aurait su
nous saurions	nous aurions su
vous sauriez	vous auriez su
ils sauraient	ils auraient su

IMPERATIVE

sache
sachons
sachez

SUBJUNCTIVE

PRESENT	**IMPERFECT**	**PERFECT**
je sache	je susse	j'aie su
tu saches	tu susses	tu aies su
il sache	il sût	il ait su
nous sachions	nous sussions	nous ayons su
vous sachiez	vous sussiez	vous ayez su
ils sachent	ils sussent	ils aient su

INFINITIVE

PRESENT
savoir

PAST
avoir su

PARTICIPLE

PRESENT
sachant

PAST
su

PRESENT	**IMPERFECT**	**FUTURE**
je sèche	je séchais	je sécherai
tu sèches	tu séchais	tu sécheras
il sèche	il séchait	il séchera
nous séchons	nous séchions	nous sécherons
vous séchez	vous séchiez	vous sécherez
ils sèchent	ils séchaient	ils sécheront

PAST HISTORIC	**PERFECT**	**PLUPERFECT**
je séchai	j'ai séché	j'avais séché
tu séchas	tu as séché	tu avais séché
il sécha	il a séché	il avait séché
nous séchâmes	nous avons séché	nous avions séché
vous séchâtes	vous avez séché	vous aviez séché
ils séchèrent	ils ont séché	ils avaient séché

PAST ANTERIOR	**FUTURE PERFECT**
j'eus séché *etc*	j'aurai séché *etc*

CONDITIONAL

PRESENT	**PAST**
je sécherais	j'aurais séché
tu sécherais	tu aurais séché
il sécherait	il aurait séché
nous sécherions	nous aurions séché
vous sécheriez	vous auriez séché
ils sécheraient	ils auraient séché

IMPERATIVE

sèche
séchons
séchez

SUBJUNCTIVE

PRESENT	**IMPERFECT**	**PERFECT**
je sèche	je séchasse	j'aie séché
tu sèches	tu séchasses	tu aies séché
il sèche	il séchât	il ait séché
nous séchions	nous séchassions	nous ayons séché
vous séchiez	vous séchassiez	vous ayez séché
ils sèchent	ils séchassent	ils aient séché

INFINITIVE

PRESENT
sécher

PAST
avoir séché

PARTICIPLE

PRESENT
séchant

PAST
séché

PRESENT	**IMPERFECT**	**FUTURE**
je sème	je semais	je sèmerai
tu sèmes	tu semais	tu sèmeras
il sème	il semait	il sèmera
nous semons	nous semions	nous sèmerons
vous semez	vous semiez	vous sèmerez
ils sèment	ils semaient	ils sèmeront

PAST HISTORIC	**PERFECT**	**PLUPERFECT**
je semai	j'ai semé	j'avais semé
tu semas	tu as semé	tu avais semé
il sema	il a semé	il avait semé
nous semâmes	nous avons semé	nous avions semé
vous semâtes	vous avez semé	vous aviez semé
ils semèrent	ils ont semé	ils avaient semé

PAST ANTERIOR	**FUTURE PERFECT**	
j'eus semé *etc*	j'aurai semé *etc*	

CONDITIONAL

PRESENT	**PAST**	**IMPERATIVE**
je sèmerais	j'aurais semé	sème
tu sèmerais	tu aurais semé	semons
il sèmerait	il aurait semé	semez
nous sèmerions	nous aurions semé	
vous sèmeriez	vous auriez semé	
ils sèmeraient	ils auraient semé	

SUBJUNCTIVE

PRESENT	**IMPERFECT**	**PERFECT**
je sème	je semasse	j'aie semé
tu sèmes	tu semasses	tu aies semé
il sème	il semât	il ait semé
nous semions	nous semassions	nous ayons semé
vous semiez	vous semassiez	vous ayez semé
ils sèment	ils semassent	ils aient semé

INFINITIVE	**PARTICIPLE**
PRESENT	**PRESENT**
semer	semant
PAST	**PAST**
avoir semé	semé

PRESENT	IMPERFECT	FUTURE
je sens	je sentais	je sentirai
tu sens	tu sentais	tu sentiras
il sent	il sentait	il sentira
nous sentons	nous sentions	nous sentirons
vous sentez	vous sentiez	vous sentirez
ils sentent	ils sentaient	ils sentiront

PAST HISTORIC	PERFECT	PLUPERFECT
je sentis	j'ai senti	j'avais senti
tu sentis	tu as senti	tu avais senti
il sentit	il a senti	il avait senti
nous sentîmes	nous avons senti	nous avions senti
vous sentîtes	vous avez senti	vous aviez senti
ils sentirent	ils ont senti	ils avaient senti

PAST ANTERIOR	FUTURE PERFECT
j'eus senti *etc*	j'aurai senti *etc*

CONDITIONAL

IMPERATIVE

PRESENT	PAST	
je sentirais	j'aurais senti	sens
tu sentirais	tu aurais senti	sentons
il sentirait	il aurait senti	sentez
nous sentirions	nous aurions senti	
vous sentiriez	vous auriez senti	
ils sentiraient	ils auraient senti	

SUBJUNCTIVE

PRESENT	IMPERFECT	PERFECT
je sente	je sentisse	j'aie senti
tu sentes	tu sentisses	tu aies senti
il sente	il sentît	il ait senti
nous sentions	nous sentissions	nous ayons senti
vous sentiez	vous sentissiez	vous ayez senti
ils sentent	ils sentissent	ils aient senti

INFINITIVE

PARTICIPLE

PRESENT	PRESENT
sentir	sentant

PAST	PAST
avoir senti	senti

PRESENT	IMPERFECT	FUTURE
il sied	il seyait	il siéra
ils siéent	ils seyaient	ils siéront

PAST HISTORIC	PERFECT	PLUPERFECT

PAST ANTERIOR	FUTURE PERFECT	

CONDITIONAL | IMPERATIVE

PRESENT	PAST
il siérait	
ils siéraient	

SUBJUNCTIVE

PRESENT	IMPERFECT	PERFECT
il siée		
ils siéent		

INFINITIVE | PARTICIPLE

PRESENT	PRESENT
seoir	seyant
PAST	PAST

PRESENT	**IMPERFECT**	**FUTURE**
je serre	je serrais	je serrerai
tu serres	tu serrais	tu serreras
il serre	il serrait	il serrera
nous serrons	nous serrions	nous serrerons
vous serrez	vous serriez	vous serrerez
ils serrent	ils serraient	ils serreront

PAST HISTORIC	**PERFECT**	**PLUPERFECT**
je serrai	j'ai serré	j'avais serré
tu serras	tu as serré	tu avais serré
il serra	il a serré	il avait serré
nous serrâmes	nous avons serré	nous avions serré
vous serrâtes	vous avez serré	vous aviez serré
ils serrèrent	ils ont serré	ils avaient serré

PAST ANTERIOR	**FUTURE PERFECT**
j'eus serré *etc*	j'aurai serré *etc*

CONDITIONAL

IMPERATIVE

PRESENT	**PAST**	
je serrerais	j'aurais serré	serre
tu serrerais	tu aurais serré	serrons
il serrerait	il aurait serré	serrez
nous serrerions	nous aurions serré	
vous serreriez	vous auriez serré	
ils serreraient	ils auraient serré	

SUBJUNCTIVE

PRESENT	**IMPERFECT**	**PERFECT**
je serre	je serrasse	j'aie serré
tu serres	tu serrasses	tu aies serré
il serre	il serrât	il ait serré
nous serrions	nous serrassions	nous ayons serré
vous serriez	vous serrassiez	vous ayez serré
ils serrent	ils serrassent	ils aient serré

INFINITIVE

PARTICIPLE

PRESENT	**PRESENT**
serrer	serrant

PAST	**PAST**
avoir serré	serré

PRESENT	IMPERFECT	FUTURE
je sers	je servais	je servirai
tu sers	tu servais	tu serviras
il sert	il servait	il servira
nous servons	nous servions	nous servirons
vous servez	vous serviez	vous servirez
ils servent	ils servaient	ils serviront

PAST HISTORIC	PERFECT	PLUPERFECT
je servis	j'ai servi	j'avais servi
tu servis	tu as servi	tu avais servi
il servit	il a servi	il avait servi
nous servîmes	nous avons servi	nous avions servi
vous servîtes	vous avez servi	vous aviez servi
ils servirent	ils ont servi	ils avaient servi

PAST ANTERIOR	FUTURE PERFECT
j'eus servi *etc*	j'aurai servi *etc*

CONDITIONAL

PRESENT	PAST
je servirais	j'aurais servi
tu servirais	tu aurais servi
il servirait	il aurait servi
nous servirions	nous aurions servi
vous serviriez	vous auriez servi
ils serviraient	ils auraient servi

IMPERATIVE

sers
servons
servez

SUBJUNCTIVE

PRESENT	IMPERFECT	PERFECT
je serve	je servisse	j'aie servi
tu serves	tu servisses	tu aies servi
il serve	il servît	il ait servi
nous servions	nous servissions	nous ayons servi
vous serviez	vous servissiez	vous ayez servi
ils servent	ils servissent	ils aient servi

INFINITIVE

PARTICIPLE

PRESENT	PRESENT
servir	servant

PAST	PAST
avoir servi	servi

PRESENT	**IMPERFECT**	**FUTURE**
je sèvre	je sevrais	je sèvrerai
tu sèvres	tu sevrais	tu sèvreras
il sèvre	il sevrait	il sèvrera
nous sevrons	nous sevrions	nous sèvrerons
vous sevrez	vous sevriez	vous sèvrerez
ils sèvrent	ils sevraient	ils sèvreront

PAST HISTORIC	**PERFECT**	**PLUPERFECT**
je sevrai	j'ai sevré	j'avais sevré
tu sevras	tu as sevré	tu avais sevré
il sevra	il a sevré	il avait sevré
nous sevrâmes	nous avons sevré	nous avions sevré
vous sevrâtes	vous avez sevré	vous aviez sevré
ils sevrèrent	ils ont sevré	ils avaient sevré

PAST ANTERIOR	**FUTURE PERFECT**
j'eus sevré *etc*	j'aurai sevré *etc*

CONDITIONAL

PRESENT	**PAST**	**IMPERATIVE**
je sèvrerais	j'aurais sevré	sèvre
tu sèvrerais	tu aurais sevré	sevrons
il sèvrerait	il aurait sevré	sevrez
nous sèvrerions	nous aurions sevré	
vous sèvreriez	vous auriez sevré	
ils sèvreraient	ils auraient sevré	

SUBJUNCTIVE

PRESENT	**IMPERFECT**	**PERFECT**
je sèvre	je sevrasse	j'aie sevré
tu sèvres	tu sevrasses	tu aies sevré
il sèvre	il sevrât	il ait sevré
nous sevrions	nous sevrassions	nous ayons sevré
vous sevriez	vous sevrassiez	vous ayez sevré
ils sèvrent	ils sevrassent	ils aient sevré

INFINITIVE / PARTICIPLE

INFINITIVE	**PARTICIPLE**
PRESENT	**PRESENT**
servar	sevrant
PAST	**PAST**
avoir sevré	sevré

SORTIR
191 *to go out*

PRESENT	IMPERFECT	FUTURE
je sors	je sortais	je sortirai
tu sors	tu sortais	tu sortiras
il sort	il sortait	il sortira
nous sortons	nous sortions	nous sortirons
vous sortez	vous sortiez	vous sortirez
ils sortent	ils sortaient	ils sortiront

PAST HISTORIC	PERFECT	PLUPERFECT
je sortis	je suis sorti	j'étais sorti
tu sortis	tu es sorti	tu étais sorti
il sortit	il est sorti	il était sorti
nous sortîmes	nous sommes sortis	nous étions sortis
vous sortîtes	vous êtes sorti(s)	vous étiez sorti(s)
ils sortirent	ils sont sortis	ils étaient sortis

PAST ANTERIOR	FUTURE PERFECT
je fus sorti *etc*	je serai sorti *etc*

CONDITIONAL

PRESENT	PAST	IMPERATIVE
je sortirais	je serais sorti	sors
tu sortirais	tu serais sorti	sortons
il sortirait	il serait sorti	sortez
nous sortirions	nous serions sortis	
vous sortiriez	vous seriez sorti(s)	
ils sortiraient	ils seraient sortis	

SUBJUNCTIVE

PRESENT	IMPERFECT	PERFECT
je sorte	je sortisse	je sois sorti
tu sortes	tu sortisses	tu sois sorti
il sorte	il sortît	il soit sorti
nous sortions	nous sortissions	nous soyons sortis
vous sortiez	vous sortissiez	vous soyez sorti(s)
ils sortent	ils sortissent	ils soient sortis

INFINITIVE | PARTICIPLE

PRESENT	PRESENT
sortir	sortant

PAST	PAST
être sorti	sorti

PRESENT
je me souviens
tu te souviens
il se souvient
nous nous souvenons
vous vous souvenez
ils se souviennent

IMPERFECT
je me souvenais
tu te souvenais
il se souvenait
nous nous souvenions
vous vous souveniez
ils se souvenaient

FUTURE
je me souviendrai
tu te souviendras
il se souviendra
nous nous souviendrons
vous vous souviendrez
ils se souviendront

PAST HISTORIC
je me souvins
tu te souvins
il se souvint
nous nous souvînmes
vous vous souvîntes
ils se souvinrent

PERFECT
je me suis souvenu
tu t'es souvenu
il s'est souvenu
nous ns. sommes souvenus
vous vs. êtes souvenu(s)
ils se sont souvenus

PLUPERFECT
je m'étais souvenu
tu t'étais souvenu
il s'était souvenu
nous ns. étions souvenus
vous vs. étiez souvenu(s)
ils s'étaient souvenus

PAST ANTERIOR
je me fus souvenu *etc*

FUTURE PERFECT
je me serai souvenu *etc*

CONDITIONAL

PRESENT
je me souviendrais
tu te souviendrais
il se souviendrait
nous ns. souviendrions
vous vous souviendriez
ils se souviendraient

PAST
je me serais souvenu
tu te serais souvenu
il se serait souvenu
nous ns. serions souvenus
vous vs. seriez souvenu(s)
ils se seraient souvenus

IMPERATIVE

souviens-toi
souvenons-nous
souvenez-vous

SUBJUNCTIVE

PRESENT
je me souvienne
tu te souviennes
il se souvienne
nous nous souvenions
vous vous souveniez
ils se souviennent

IMPERFECT
je me souvinsse
tu te souvinsses
il se souvînt
nous nous souvinssions
vous vous souvinssiez
ils se souvinssent

PERFECT
je me sois souvenu
tu te sois souvenu
il se soit souvenu
nous ns. soyons souvenus
vous vs. soyez souvenu(s)
ils se soient souvenus

INFINITIVE

PRESENT
se souvenir

PAST
s'être souvenu

PARTICIPLE

PRESENT
se souvenant

PAST
souvenu

STUPÉFAIRE
193 to astound

PRESENT	IMPERFECT	FUTURE
il stupéfait		

PAST HISTORIC	PERFECT	PLUPERFECT
	j'ai stupéfait	j'avais stupéfait
	tu as stupéfait	tu avais stupéfait
	il a stupéfait	il avait stupéfait
	nous avons stupéfait	nous avions stupéfait
	vous avez stupéfait	vous aviez stupéfait
	ils ont stupéfait	ils avaient stupéfait

PAST ANTERIOR	FUTURE PERFECT
j'eus stupéfait *etc*	j'aurai stupéfait *etc*

CONDITIONAL		IMPERATIVE

PRESENT	PAST	
	j'aurais stupéfait	
	tu aurais stupéfait	
	il aurait stupéfait	
	nous aurions stupéfait	
	vous auriez stupéfait	
	ils auraient stupéfait	

SUBJUNCTIVE		

PRESENT	IMPERFECT	PERFECT
		j'aie stupéfait
		tu aies stupéfait
		il ait stupéfait
		nous ayons stupéfait
		vous ayez stupéfait
		ils aient stupéfait

INFINITIVE	PARTICIPLE
PRESENT	**PRESENT**
stupéfaire	
PAST	**PAST**
avoir stupéfait	stupéfait

PRESENT
je suffis
tu suffis
il suffit
nous suffisons
vous suffisez
ils suffisent

IMPERFECT
je suffisais
tu suffisais
il suffisait
nous suffisions
vous suffisiez
ils suffisaient

FUTURE
je suffirai
tu suffiras
il suffira
nous suffirons
vous suffirez
ils suffiront

PAST HISTORIC
je suffis
tu suffis
il suffit
nous suffîmes
vous suffîtes
ils suffirent

PERFECT
j'ai suffi
tu as suffi
il a suffi
nous avons suffi
vous avez suffi
ils ont suffi

PLUPERFECT
j'avais suffi
tu avais suffi
il avait suffi
nous avions suffi
vous aviez suffi
ils avaient suffi

PAST ANTERIOR
j'eus suffi *etc*

FUTURE PERFECT
j'aurai suffi *etc*

CONDITIONAL

PRESENT
je suffirais
tu suffirais
il suffirait
nous suffirions
vous suffiriez
ils suffiraient

PAST
j'aurais suffi
tu aurais suffi
il aurait suffi
nous aurions suffi
vous auriez suffi
ils auraient suffi

IMPERATIVE

suffis
suffisons
suffisez

SUBJUNCTIVE

PRESENT
je suffise
tu suffises
il suffise
nous suffisions
vous suffisiez
ils suffisent

IMPERFECT
je suffisse
tu suffisses
il suffît
nous suffissions
vous suffissiez
ils suffissent

PERFECT
j'aie suffi
tu aies suffi
il ait suffi
nous ayons suffi
vous ayez suffi
ils aient suffi

INFINITIVE

PRESENT
suffire

PAST
avoir suffi

PARTICIPLE

PRESENT
suffisant

PAST
suffi

NOTE

circoncire has the past
participle **circoncis**

SUIVRE
195 *to follow*

PRESENT	IMPERFECT	FUTURE
je suis	je suivais	je suivrai
tu suis	tu suivais	tu suivras
il suit	il suivait	il suivra
nous suivons	nous suivions	nous suivrons
vous suivez	vous suiviez	vous suivrez
ils suivent	ils suivaient	ils suivront

PAST HISTORIC	PERFECT	PLUPERFECT
je suivis	j'ai suivi	j'avais suivi
tu suivis	tu as suivi	tu avais suivi
il suivit	il a suivi	il avait suivi
nous suivîmes	nous avons suivi	nous avions suivi
vous suivîtes	vous avez suivi	vous aviez suivi
ils suivirent	ils ont suivi	ils avaient suivi

PAST ANTERIOR	FUTURE PERFECT
j'eus suivi *etc*	j'aurai suivi *etc*

CONDITIONAL · IMPERATIVE

PRESENT	PAST	IMPERATIVE
je suivrais	j'aurais suivi	suis
tu suivrais	tu aurais suivi	suivons
il suivrait	il aurait suivi	suivez
nous suivrions	nous aurions suivi	
vous suivriez	vous auriez suivi	
ils suivraient	ils auraient suivi	

SUBJUNCTIVE

PRESENT	IMPERFECT	PERFECT
je suive	je suivisse	j'aie suivi
tu suives	tu suivisses	tu aies suivi
il suive	il suivît	il ait suivi
nous suivions	nous suivissions	nous ayons suivi
vous suiviez	vous suivissiez	vous ayez suivi
ils suivent	ils suivissent	ils aient suivi

INFINITIVE · PARTICIPLE

INFINITIVE	PARTICIPLE
PRESENT	**PRESENT**
suivre	suivant
PAST	**PAST**
avoir suivi	suivi

PRESENT
je sursois
tu sursois
il sursoit
nous sursoyons
vous sursoyez
ils sursoient

IMPERFECT
je sursoyais
tu sursoyais
il sursoyait
nous sursoyions
vous sursoyiez
ils sursoyaient

FUTURE
je surseoirai
tu surseoiras
il surseoira
nous surseoirons
vous surseoirez
ils surseoiront

PAST HISTORIC
je sursis
tu sursis
il sursit
nous sursîmes
vous sursîtes
ils sursirent

PERFECT
j'ai sursis
tu as sursis
il a sursis
nous avons sursis
vous avez sursis
ils ont sursis

PLUPERFECT
j'avais sursis
tu avais sursis
il avait sursis
nous avions sursis
vous aviez sursis
ils avaient sursis

PAST ANTERIOR
j'eus sursis *etc*

FUTURE PERFECT
j'aurai sursis *etc*

CONDITIONAL

PRESENT
je surseoirais
tu surseoirais
il surseoirait
nous surseoirions
vous surseoiriez
ils surseoiraient

PAST
j'aurais sursis
tu aurais sursis
il aurait sursis
nous aurions sursis
vous auriez sursis
ils auraient sursis

IMPERATIVE

sursois
sursoyons
sursoyez

SUBJUNCTIVE

PRESENT
je sursoie
tu sursoies
il sursoie
nous sursoyions
vous sursoyiez
ils sursoient

IMPERFECT
je sursisse
tu sursisses
il sursît
nous sursissions
vous sursissiez
ils sursissent

PERFECT
j'aie sursis
tu aies sursis
il ait sursis
nous ayons sursis
vous ayez sursis
ils aient sursis

INFINITIVE

PRESENT
surseoir

PAST
avoir sursis

PARTICIPLE

PRESENT
sursoyant

PAST
sursis

PRESENT
je me tais
tu te tais
il se tait
nous nous taisons
vous vous taisez
ils se taisent

IMPERFECT
je me taisais
tu te taisais
il se taisait
nous nous taisions
vous vous taisiez
ils se taisaient

FUTURE
je me tairai
tu te tairas
il se taira
nous nous tairons
vous vous tairez
ils se tairont

PAST HISTORIC
je me tus
tu te tus
il se tut
nous nous tûmes
vous vous tûtes
ils se turent

PERFECT
je me suis tu
tu t'es tu
il s'est tu
nous nous sommes tus
vous vous êtes tu(s)
ils se sont tus

PLUPERFECT
je m'étais tu
tu t'étais tu
il s'était tu
nous nous étions tus
vous vous étiez tu(s)
ils s'étaient tus

PAST ANTERIOR
je me fus tu *etc*

FUTURE PERFECT
je me serai tu *etc*

CONDITIONAL

PRESENT
je me tairais
tu te tairais
il se tairait
nous nous tairions
vous vous tairiez
ils se tairaient

PAST
je me serais tu
tu te serais tu
il se serait tu
nous nous serions tus
vous vous seriez tu(s)
ils se seraient tus

IMPERATIVE

tais-toi
taisons-nous
taisez-vous

SUBJUNCTIVE

PRESENT
je me taise
tu te taises
il se taise
nous nous taisions
vous vous taisiez
ils se taisent

IMPERFECT
je me tusse
tu te tusses
il se tût
nous nous tussions
vous vous tussiez
ils se tussent

PERFECT
je me sois tu
tu te sois tu
il se soit tu
nous nous soyons tus
vous vous soyez tu(s)
ils se soient tus

INFINITIVE

PRESENT
se taire

PAST
s'être tu

PARTICIPLE

PRESENT
se taisant

PAST
tu

PRESENT
je tiens
tu tiens
il tient
nous tenons
vous tenez
ils tiennent

IMPERFECT
je tenais
tu tenais
il tenait
nous tenions
vous teniez
ils tenaient

FUTURE
je tiendrai
tu tiendras
il tiendra
nous tiendrons
vous tiendrez
ils tiendront

PAST HISTORIC
je tins
tu tins
il tint
nous tînmes
vous tîntes
ils tinrent

PERFECT
j'ai tenu
tu as tenu
il a tenu
nous avons tenu
vous avez tenu
ils ont tenu

PLUPERFECT
j'avais tenu
tu avais tenu
il avait tenu
nous avions tenu
vous aviez tenu
ils avaient tenu

PAST ANTERIOR
j'eus tenu *etc*

FUTURE PERFECT
j'aurai tenu *etc*

CONDITIONAL

PRESENT
je tiendrais
tu tiendrais
il tiendrait
nous tiendrions
vous tiendriez
ils tiendraient

PAST
j'aurais tenu
tu aurais tenu
il aurait tenu
nous aurions tenu
vous auriez tenu
ils auraient tenu

IMPERATIVE

tiens
tenons
tenez

SUBJUNCTIVE

PRESENT
je tienne
tu tiennes
il tienne
nous tenions
vous teniez
ils tiennent

IMPERFECT
je tinsse
tu tinsses
il tînt
nous tinssions
vous tinssiez
ils tinssent

PERFECT
j'aie tenu
tu aies tenu
il ait tenu
nous ayons tenu
vous ayez tenu
ils aient tenu

INFINITIVE

PRESENT
tenir

PAST
avoir tenu

PARTICIPLE

PRESENT
tenant

PAST
tenu

PRESENT	**IMPERFECT**	**FUTURE**
je tombe	je tombais	je tomberai
tu tombes	tu tombais	tu tomberas
il tombe	il tombait	il tombera
nous tombons	nous tombions	nous tomberons
vous tombez	vous tombiez	vous tomberez
ils tombent	ils tombaient	ils tomberont

PAST HISTORIC	**PERFECT**	**PLUPERFECT**
je tombai	je suis tombé	j'étais tombé
tu tombas	tu es tombé	tu étais tombé
il tomba	il est tombé	il était tombé
nous tombâmes	nous sommes tombés	nous étions tombés
vous tombâtes	vous êtes tombé(s)	vous étiez tombé(s)
ils tombèrent	ils sont tombés	ils étaient tombés

PAST ANTERIOR	**FUTURE PERFECT**
je fus tombé *etc*	je serai tombé *etc*

CONDITIONAL

PRESENT	**PAST**
je tomberais	je serais tombé
tu tomberais	tu serais tombé
il tomberait	il serait tombé
nous tomberions	nous serions tombés
vous tomberiez	vous seriez tombé(s)
ils tomberaient	ils seraient tombés

IMPERATIVE

tombe
tombons
tombez

SUBJUNCTIVE

PRESENT	**IMPERFECT**	**PERFECT**
je tombe	je tombasse	je sois tombé
tu tombes	tu tombasses	tu sois tombé
il tombe	il tombât	il soit tombé
nous tombions	nous tombassions	nous soyons tombés
vous tombiez	vous tombassiez	vous soyez tombé(s)
ils tombent	ils tombassent	ils soient tombés

INFINITIVE

PRESENT
tomber

PAST
être tombé

PARTICIPLE

PRESENT
tombant

PAST
tombé

PRESENT	**IMPERFECT**	**FUTURE**
je traduis	je traduisais	je traduirai
tu traduis	tu traduisais	tu traduiras
il traduit	il traduisait	il traduira
nous traduisons	nous traduisions	nous traduirons
vous traduisez	vous traduisiez	vous traduirez
ils traduisent	ils traduisaient	ils traduiront

PAST HISTORIC	**PERFECT**	**PLUPERFECT**
je traduisis	j'ai traduit	j'avais traduit
tu traduisis	tu as traduit	tu avais traduit
il traduisit	il a traduit	il avait traduit
nous traduisîmes	nous avons traduit	nous avions traduit
vous traduisîtes	vous avez traduit	vous aviez traduit
ils traduisirent	ils ont traduit	ils avaient traduit

PAST ANTERIOR	**FUTURE PERFECT**
j'eus traduit *etc*	j'aurai traduit *etc*

CONDITIONAL

PRESENT	**PAST**	**IMPERATIVE**
je traduirais	j'aurais traduit	traduis
tu traduirais	tu aurais traduit	traduisons
il traduirait	il aurait traduit	traduisez
nous traduirions	nous aurions traduit	
vous traduiriez	vous auriez traduit	
ils traduiraient	ils auraient traduit	

SUBJUNCTIVE

PRESENT	**IMPERFECT**	**PERFECT**
je traduise	je traduisisse	j'aie traduit
tu traduises	tu traduisisses	tu aies traduit
il traduise	il traduisît	il ait traduit
nous traduisions	nous traduisissions	nous ayons traduit
vous traduisiez	vous traduisissiez	vous ayez traduit
ils traduisent	ils traduisissent	ils aient traduit

INFINITIVE | PARTICIPLE

PRESENT	**PRESENT**
traduire	traduisant

PAST	**PAST**
avoir traduit	traduit

PRESENT	IMPERFECT	FUTURE
je travaille	je travaillais	je travaillerai
tu travailles	tu travaillais	tu travailleras
il travaille	il travaillait	il travaillera
nous travaillons	nous travaillions	nous travaillerons
vous travaillez	vous travailliez	vous travaillerez
ils travaillent	ils travaillaient	ils travailleront

PAST HISTORIC	PERFECT	PLUPERFECT
je travaillai	j'ai travaillé	j'avais travaillé
tu travaillas	tu as travaillé	tu avais travaillé
il travailla	il a travaillé	il avait travaillé
nous travaillâmes	nous avons travaillé	nous avions travaillé
vous travaillâtes	vous avez travaillé	vous aviez travaillé
ils travaillèrent	ils ont travaillé	ils avaient travaillé

PAST ANTERIOR	FUTURE PERFECT	
j'eus travaillé etc	j'aurai travaillé etc	

CONDITIONAL

IMPERATIVE

PRESENT	PAST	
je travaillerais	j'aurais travaillé	travaille
tu travaillerais	tu aurais travaillé	travaillons
il travaillerait	il aurait travaillé	travaillez
nous travaillerions	nous aurions travaillé	
vous travailleriez	vous auriez travaillé	
ils travailleraient	ils auraient travaillé	

SUBJUNCTIVE

PRESENT	IMPERFECT	PERFECT
je travaille	je travaillasse	j'aie travaillé
tu travailles	tu travaillasses	tu aies travaillé
il travaille	il travaillât	il ait travaillé
nous travaillions	nous travaillassions	nous ayons travaillé
vous travailliez	vous travaillassiez	vous ayez travaillé
ils travaillent	ils travaillassent	ils aient travaillé

INFINITIVE

PARTICIPLE

PRESENT	PRESENT
travailler	travaillant

PAST	PAST
avoir travaillé	travaillé

PRESENT
je tue
tu tues
il tue
nous tuons
vous tuez
ils tuent

IMPERFECT
je tuais
tu tuais
il tuait
nous tuions
vous tuiez
ils tuaient

FUTURE
je tuerai
tu tueras
il tuera
nous tuerons
vous tuerez
ils tueront

PAST HISTORIC
je tuai
tu tuas
il tua
nous tuâmes
vous tuâtes
ils tuèrent

PERFECT
j'ai tué
tu as tué
il a tué
nous avons tué
vous avez tué
ils ont tué

PLUPERFECT
j'avais tué
tu avais tué
il avait tué
nous avions tué
vous aviez tué
ils avaient tué

PAST ANTERIOR
j'eus tué *etc*

FUTURE PERFECT
j'aurai tué *etc*

CONDITIONAL

PRESENT
je tuerais
tu tuerais
il tuerait
nous tuerions
vous tueriez
ils tueraient

PAST
j'aurais tué
tu aurais tué
il aurait tué
nous aurions tué
vous auriez tué
ils auraient tué

IMPERATIVE

tue
tuons
tuez

SUBJUNCTIVE

PRESENT
je tue
tu tues
il tue
nous tuions
vous tuiez
ils tuent

IMPERFECT
je tuasse
tu tuasses
il tuât
nous tuassions
vous tuassiez
ils tuassent

PERFECT
j'aie tué
tu aies tué
il ait tué
nous ayons tué
vous ayez tué
ils aient tué

INFINITIVE

PRESENT
tuer

PAST
avoir tué

PARTICIPLE

PRESENT
tuant

PAST
tué

VAINCRE
203 *to defeat*

PRESENT	IMPERFECT	FUTURE
je vaincs	je vainquais	je vaincrai
tu vaincs	tu vainquais	tu vaincras
il vainc	il vainquait	il vaincra
nous vainquons	nous vainquions	nous vaincrons
vous vainquez	vous vainquiez	vous vaincrez
ils vainquent	ils vainquaient	ils vaincront

PAST HISTORIC	PERFECT	PLUPERFECT
je vainquis	j'ai vaincu	j'avais vaincu
tu vainquis	tu as vaincu	tu avais vaincu
il vainquit	il a vaincu	il avait vaincu
nous vainquîmes	nous avons vaincu	nous avions vaincu
vous vainquîtes	vous avez vaincu	vous aviez vaincu
ils vainquirent	ils ont vaincu	ils avaient vaincu

PAST ANTERIOR	FUTURE PERFECT
j'eus vaincu *etc*	j'aurai vaincu *etc*

CONDITIONAL

PRESENT	PAST
je vaincrais	j'aurais vaincu
tu vaincrais	tu aurais vaincu
il vaincrait	il aurait vaincu
nous vaincrions	nous aurions vaincu
vous vaincriez	vous auriez vaincu
ils vaincraient	ils auraient vaincu

IMPERATIVE

vaincs
vainquons
vainquez

SUBJUNCTIVE

PRESENT	IMPERFECT	PERFECT
je vainque	je vainquisse	j'aie vaincu
tu vainques	tu vainquisses	tu aies vaincu
il vainque	il vainquît	il ait vaincu
nous vainquions	nous vainquissions	nous ayons vaincu
vous vainquiez	vous vainquissiez	vous ayez vaincu
ils vainquent	ils vainquissent	ils aient vaincu

INFINITIVE

	PARTICIPLE

PRESENT	PRESENT
vaincre	vainquant

PAST	PAST
avoir vaincu	vaincu

PRESENT
je vaux
tu vaux
il vaut
nous valons
vous valez
ils valent

IMPERFECT
je valais
tu valais
il valait
nous valions
vous valiez
ils valaient

FUTURE
je vaudrai
tu vaudras
il vaudra
nous vaudrons
vous vaudrez
ils vaudront

PAST HISTORIC
je valus
tu valus
il valut
nous valûmes
vous valûtes
ils valurent

PERFECT
j'ai valu
tu as valu
il a valu
nous avons valu
vous avez valu
ils ont valu

PLUPERFECT
j'avais valu
tu avais valu
il avait valu
nous avions valu
vous aviez valu
ils avaient valu

PAST ANTERIOR
j'eus valu *etc*

FUTURE PERFECT
j'aurai valu *etc*

CONDITIONAL

IMPERATIVE

PRESENT
je vaudrais
tu vaudrais
il vaudrait
nous vaudrions
vous vaudriez
ils vaudraient

PAST
j'aurais valu
tu aurais valu
il aurait valu
nous aurions valu
vous auriez valu
ils auraient valu

vaux
valons
valez

SUBJUNCTIVE

PRESENT
je vaille
tu vailles
il vaille
nous valions
vous valiez
ils vaillent

IMPERFECT
je valusse
tu valusses
il valût
nous valussions
vous valussiez
ils valussent

PERFECT
j'aie valu
tu aies valu
il ait valu
nous ayons valu
vous ayez valu
ils aient valu

INFINITIVE

PARTICIPLE

PRESENT
valoir

PRESENT
valant

PAST
avoir valu

PAST
valu

PRESENT	IMPERFECT	FUTURE
je vends	je vendais	je vendrai
tu vends	tu vendais	tu vendras
il vend	il vendait	il vendra
nous vendons	nous vendions	nous vendrons
vous vendez	vous vendiez	vous vendrez
ils vendent	ils vendaient	ils vendront

PAST HISTORIC	PERFECT	PLUPERFECT
je vendis	j'ai vendu	j'avais vendu
tu vendis	tu as vendu	tu avais vendu
il vendit	il a vendu	il avait vendu
nous vendîmes	nous avons vendu	nous avions vendu
vous vendîtes	vous avez vendu	vous aviez vendu
ils vendirent	ils ont vendu	ils avaient vendu

PAST ANTERIOR	FUTURE PERFECT	
j'eus vendu *etc*	j'aurai vendu *etc*	

CONDITIONAL | | IMPERATIVE

PRESENT	PAST	
je vendrais	j'aurais vendu	vends
tu vendrais	tu aurais vendu	vendons
il vendrait	il aurait vendu	vendez
nous vendrions	nous aurions vendu	
vous vendriez	vous auriez vendu	
ils vendraient	ils auraient vendu	

SUBJUNCTIVE

PRESENT	IMPERFECT	PERFECT
je vende	je vendisse	j'aie vendu
tu vendes	tu vendisses	tu aies vendu
il vende	il vendît	il ait vendu
nous vendions	nous vendissions	nous ayons vendu
vous vendiez	vous vendissiez	vous ayez vendu
ils vendent	ils vendissent	ils aient vendu

INFINITIVE | PARTICIPLE

PRESENT	PRESENT
vendre	vendant

PAST	PAST
avoir vendu	vendu

PRESENT	**IMPERFECT**	**FUTURE**
je viens	je venais	je viendrai
tu viens	tu venais	tu viendras
il vient	il venait	il viendra
nous venons	nous venions	nous viendrons
vous venez	vous veniez	vous viendrez
ils viennent	ils venaient	ils viendront

PAST HISTORIC	**PERFECT**	**PLUPERFECT**
je vins	je suis venu	j'étais venu
tu vins	tu es venu	tu étais venu
il vint	il est venu	il était venu
nous vînmes	nous sommes venus	nous étions venus
vous vîntes	vous êtes venu(s)	vous étiez venu(s)
ils vinrent	ils sont venus	ils étaient venus

PAST ANTERIOR	**FUTURE PERFECT**
je fus venu *etc*	je serai venu *etc*

CONDITIONAL

IMPERATIVE

PRESENT	**PAST**	
je viendrais	je serais venu	viens
tu viendrais	tu serais venu	venons
il viendrait	il serait venu	venez
nous viendrions	nous serions venus	
vous viendriez	vous seriez venu(s)	
ils viendraient	ils seraient venus	

SUBJUNCTIVE

PRESENT	**IMPERFECT**	**PERFECT**
je vienne	je vinsse	je sois venu
tu viennes	tu vinsses	tu sois venu
il vienne	il vînt	il soit venu
nous venions	nous vinssions	nous soyons venus
vous veniez	vous vinssiez	vous soyez venu(s)
ils viennent	ils vinssent	ils soient venus

INFINITIVE

PARTICIPLE

PRESENT	**PRESENT**
venir	venant
PAST	**PAST**
être venu	venu

PRESENT	IMPERFECT	FUTURE
je vêts	je vêtais	je vêtirai
tu vêts	tu vêtais	tu vêtiras
il vêt	il vêtait	il vêtira
nous vêtons	nous vêtions	nous vêtirons
vous vêtez	vous vêtiez	vous vêtirez
ils vêtent	ils vêtaient	ils vêtiront

PAST HISTORIC	PERFECT	PLUPERFECT
je vêtis	j'ai vêtu	j'avais vêtu
tu vêtis	tu as vêtu	tu avais vêtu
il vêtit	il a vêtu	il avait vêtu
nous vêtîmes	nous avons vêtu	nous avions vêtu
vous vêtîtes	vous avez vêtu	vous aviez vêtu
ils vêtirent	ils ont vêtu	ils avaient vêtu

PAST ANTERIOR	FUTURE PERFECT
j'eus vêtu *etc*	j'aurai vêtu *etc*

CONDITIONAL / IMPERATIVE

PRESENT	PAST	IMPERATIVE
je vêtirais	j'aurais vêtu	vêts
tu vêtirais	tu aurais vêtu	vêtons
il vêtirait	il aurait vêtu	vêtez
nous vêtirions	nous aurions vêtu	
vous vêtiriez	vous auriez vêtu	
ils vêtiraient	ils auraient vêtu	

SUBJUNCTIVE

PRESENT	IMPERFECT	PERFECT
je vête	je vêtisse	j'aie vêtu
tu vêtes	tu vêtisses	tu aies vêtu
il vête	il vêtît	il ait vêtu
nous vêtions	nous vêtissions	nous ayons vêtu
vous vêtiez	vous vêtissiez	vous ayez vêtu
ils vêtent	ils vêtissent	ils aient vêtu

INFINITIVE / PARTICIPLE

PRESENT	PRESENT
vêtir	vêtant

PAST	PAST
avoir vêtu	vêtu

PRESENT	**IMPERFECT**	**FUTURE**
je vis	je vivais	je vivrai
tu vis	tu vivais	tu vivras
il vit	il vivait	il vivra
nous vivons	nous vivions	nous vivrons
vous vivez	vous viviez	vous vivrez
ils vivent	ils vivaient	ils vivront

PAST HISTORIC	**PERFECT**	**PLUPERFECT**
je vécus	j'ai vécu	j'avais vécu
tu vécus	tu as vécu	tu avais vécu
il vécut	il a vécu	il avait vécu
nous vécûmes	nous avons vécu	nous avions vécu
vous vécûtes	vous avez vécu	vous aviez vécu
ils vécurent	ils ont vécu	ils avaient vécu

PAST ANTERIOR	**FUTURE PERFECT**	
j'eus vécu *etc*	j'aurai vécu *etc*	

CONDITIONAL

		IMPERATIVE
PRESENT	**PAST**	
je vivrais	j'aurais vécu	vis
tu vivrais	tu aurais vécu	vivons
il vivrait	il aurait vécu	vivez
nous vivrions	nous aurions vécu	
vous vivriez	vous auriez vécu	
ils vivraient	ils auraient vécu	

SUBJUNCTIVE

PRESENT	**IMPERFECT**	**PERFECT**
je vive	je vécusse	j'aie vécu
tu vives	tu vécusses	tu aies vécu
il vive	il vécût	il ait vécu
nous vivions	nous vécussions	nous ayons vécu
vous viviez	vous vécussiez	vous ayez vécu
ils vivent	ils vécussent	ils aient vécu

INFINITIVE

	PARTICIPLE
PRESENT	**PRESENT**
vivre	vivant
PAST	**PAST**
avoir vécu	vécu

PRESENT	IMPERFECT	FUTURE
je vois	je voyais	je verrai
tu vois	tu voyais	tu verras
il voit	il voyait	il verra
nous voyons	nous voyions	nous verrons
vous voyez	vous voyiez	vous verrez
ils voient	ils voyaient	ils verront

PAST HISTORIC	PERFECT	PLUPERFECT
je vis	j'ai vu	j'avais vu
tu vis	tu as vu	tu avais vu
il vit	il a vu	il avait vu
nous vîmes	nous avons vu	nous avions vu
vous vîtes	vous avez vu	vous aviez vu
ils virent	ils ont vu	ils avaient vu

PAST ANTERIOR	FUTURE PERFECT
j'eus vu *etc*	j'aurai vu *etc*

CONDITIONAL   IMPERATIVE

PRESENT	PAST	
je verrais	j'aurais vu	vois
tu verrais	tu aurais vu	voyons
il verrait	il aurait vu	voyez
nous verrions	nous aurions vu	
vous verriez	vous auriez vu	
ils verraient	ils auraient vu	

SUBJUNCTIVE

PRESENT	IMPERFECT	PERFECT
je voie	je visse	j'aie vu
tu voies	tu visses	tu aies vu
il voie	il vît	il ait vu
nous voyions	nous vissions	nous ayons vu
vous voyiez	vous vissiez	vous ayez vu
ils voient	ils vissent	ils aient vu

INFINITIVE   PARTICIPLE

PRESENT	PRESENT
voir	voyant

PAST	PAST
avoir vu	vu

PRESENT	**IMPERFECT**	**FUTURE**
je veux	je voulais	je voudrai
tu veux	tu voulais	tu voudras
il veut	il voulait	il voudra
nous voulons	nous voulions	nous voudrons
vous voulez	vous vouliez	vous voudrez
ils veulent	ils voulaient	ils voudront

PAST HISTORIC	**PERFECT**	**PLUPERFECT**
je voulus	j'ai voulu	j'avais voulu
tu voulus	tu as voulu	tu avais voulu
il voulut	il a voulu	il avait voulu
nous voulûmes	nous avons voulu	nous avions voulu
vous voulûtes	vous avez voulu	vous aviez voulu
ils voulurent	ils ont voulu	ils avaient voulu

PAST ANTERIOR	**FUTURE PERFECT**	
j'eus voulu *etc*	j'aurai voulu *etc*	

CONDITIONAL		*IMPERATIVE*

PRESENT	**PAST**	
je voudrais	j'aurais voulu	veuille
tu voudrais	tu aurais voulu	veuillons
il voudrait	il aurait voulu	veuillez
nous voudrions	nous aurions voulu	
vous voudriez	vous auriez voulu	
ils voudraient	ils auraient voulu	

SUBJUNCTIVE		

PRESENT	**IMPERFECT**	**PERFECT**
je veuille	je voulusse	j'aie voulu
tu veuilles	tu voulusses	tu aies voulu
il veuille	il voulût	il ait voulu
nous voulions	nous voulussions	nous ayons voulu
vous vouliez	vous voulussiez	vous ayez voulu
ils veuillent	ils voulussent	ils aient voulu

INFINITIVE	*PARTICIPLE*

PRESENT	**PRESENT**
vouloir	voulant

PAST	**PAST**
avoir voulu	voulu

ACCROIRE
211 *to believe*

INFINITIVE

PRESENT
accroire

APPAROIR
211 *to appear*

PRESENT
il appert

INFINITIVE

PRESENT
apparoir

OUÏR
211 *to hear*

INFINITIVE	PARTICIPLE
PRESENT	**PAST**
ouïr	ouï

INDEX OF FRENCH VERBS

The verbs given in full in the tables on the preceding pages are used as models for all other French verbs given in this index. The number in the index is that of the corresponding verb table.

A verb shown in blue is given as a model itself.

A second number in brackets refers to a reflexive verb model or to the model for a verb starting with an 'h' (indicating whether it is aspirated or not).

An N in brackets refers to a footnote in the model verb table.

Reflexive verbs are listed alphabetically under the simple verb form and the reflexive pronoun (se or s') is given in brackets.

The few cases where a verb does not have the same auxiliary as its model are indicated in the footnotes.

ENGLISH-FRENCH INDEX

The following is an index of the most common English verbs and their main translations. Note that the correct translation for the English verb depends entirely on the context in which the verb is used and the user should consult a dictionary if in any doubt.

The verbs given in full in the tables on the preceding pages are used as models for all the French verbs given in this index. The number in the index is that of the corresponding verb table.

A verb shown in blue is given as a model itself.

A second number in brackets refers to a reflexive verb model or to the model for a verb starting with an 'h' (indicating whether it is aspirated or not).

An N in brackets refers to a footnote in the model verb table.

A

B

back	appuyer 17, financer 112
balance	équilibrer 8
ban	interdire 105
bang	cogner 97
baptize	baptiser 31
bar	barrer 31, exclure 37
bare	découvrir 53
bark	aboyer 129
base	baser 31
bath	baigner (se) 97 (118)
bathe	baigner (se) 97 (118), laver 31
be	être 85
bear	porter 31, supporter 31
beat	battre 25, fouetter 31
become	devenir 61
beg	mendier 47, prier 47
begin	commencer 34
believe	croire 48
belong	appartenir 13
bend	courber 31, plier 47
benefit	bénéficier 15
bet	parier 47
betray	trahir 82
bind	relier 47
bite	mordre 123
blame	blâmer 31, reprocher 31
blare	beugler 31
blaze	flamber 31
bleed	saigner 97
blend	fondre 174
bless	bénir 92
blind	aveugler 8
blink	cligner 97
block	bloquer 103, encombrer 8
block off	barrer 31
block up	boucher 31
blow	souffler 31
blow up	gonfler 31, sauter 31

bully	**brimer** 31, **brutaliser** 31
bump into	**rencontrer** 31, **rentrer** 172
burgle	**cambrioler** 31
burn	**brûler** 31
burst	**crever** 73, **éclater** 8
bury	**ensevelir** 92, **enterrer** 188
butter	**beurrer** 31
button	**boutonner** 67
buy	**acheter** 3
buzz	**bourdonner** 67

C

calculate	**calculer** 31
call	**appeler** 14
call back	**rappeler** 14
call off	**annuler** 8
calm (down)	**calmer (se)** 31 (118)
camp	**camper** 31
campaign	**militer** 31
can	**pouvoir** 155
cancel	**annuler** 8
capsize	**chavirer** 31
capture	**capter** 31, **capturer** 31
carry	**porter** 31, **transporter** 31
carry away	**entraîner** 8, **emporter** 31
carry off	**emporter** 31
carry on	**continuer** 202
carry out	**accomplir** 92, **exécuter** 8
carve	**découper** 31, **graver** 31
cash	**encaisser** 154, **toucher** 31
cast	**jeter** 108, **projeter** 108
catch	**attraper** 31, **prendre** 157
catch up	**rattraper** 31
cause	**causer** 31, **provoquer** 103
cease	**cesser** 154
celebrate	**célébrer** 30, **fêter** 31
certify	**certifier** 47, **constater** 31
chain	**enchaîner** 8
chair	**présider** 31

challenge	défier 47
change	changer 116
charge	charger 111, inculper 8
charm	charmer 31, séduire 200
chase	poursuivre 195
chat	bavarder 31, causer 31
cheat	tricher 31
check	contrôler 31, vérifier 47
check in	enregistrer 8
cheer	acclamer 8
cheer up	égayer 140, remonter 122
cherish	chérir 92
chew	mâcher 31, mastiquer 103
chill	glacer 147, rafraîchir 92
chisel	ciseler 142
choke	suffoquer 103
choose	choisir 92
chop (up)	hacher 101
circle	encercler 8
circulate	circuler 31
claim	prétendre 205, réclamer 31
clamp	immobiliser 8, serrer 188
clap	applaudir 92
classify	classer 154, classifier 47
clean	nettoyer 129
clear	dégager 111, éclaircir 92
clear off	décamper 31
clench	serrer 188
click	claquer 103
climb	grimper 31, monter 122
cling to	accrocher (s') 118, cramponner (se) 118
clip	couper 31, rogner 97
close	fermer 31
clothe	habiller 28 (100), vêtir 207
cloud	obscurcir 92
clutch	agripper 8
coach	entraîner 8
coincide	coïncider 31
collaborate	collaborer 31

O

P

retrain	recycler 31
retreat	reculer 31
retrieve	récupérer 156
return	rendre 171, rentrer 172, retourner 177
reveal	découvrir 53, révéler 178
reverse	renverser 31, retourner 177
review	réviser 31
revise	réviser 31, revoir 209
revive	ranimer 31, renaître 170
reward	récompenser 31
ride	monter 122
ridicule	ridiculiser 31
ring	appeler 14, encercler 8, sonner 67
rinse	rincer 147
rip	déchirer 31
ripen	mûrir 92
rise	monter 122
risk	risquer 103
roast	rôtir 92
rob	dévaliser 31, voler 31
rock	bercer 147, osciller 28
roll	rouler 31
roll up	enrouler 8
rot	pourrir 92
rotate	tourner 31
rouse	soulever 73
row	ramer 31
rub	frictionner 67, frotter 31
rub out	effacer 147
ruin	abîmer 8, détruire 60, ruiner 31
rule	gouverner 31, régner 169
rule out	éliminer 8, exclure 37
run	couler 31, courir 43, diriger 111
run away	enfuir (s') 77, fuir 96
run over	écraser 8
rush	précipiter (se) 31 (118)
rustle	frémir 92

S

stimulate	**stimuler** 31
sting	**picoter** 31, **piquer** 103
stink	**puer** 164
stir	**agiter** 7, **remuer** 202, **tourner** 31
stitch	**coudre** 42, **suturer** 31
stock	**approvisionner** 67
stop	**arrêter** 8, **cesser** 154
store	**accumuler** 8, **entreposer** 8
straighten	**redresser (se)** 154 (118)
strain	**fatiguer** 128, **forcer** 147
strangle	**étrangler** 8
strengthen	**fortifier** 47, **renforcer** 147
stretch	**étendre** 205, **étirer** 8, **tendre** 205
stretch out	**allonger** 150, **tendre** 205
strike	**frapper** 31, **heurter** 101
stroke	**caresser** 154
stroll	**flâner** 31
struggle	**lutter** 31
study	**étudier** 86
stuff	**bourrer** 31, **farcir** 92
stumble	**trébucher** 31
stun	**abasourdir** 92, **assommer** 31
stutter	**bégayer** 140
subject	**assujettir** 92
submit	**soumettre** 121
subscribe to	**abonner (s')** 118, **souscrire** 54
subside	**affaisser (s')** 118
subsidize	**subventionner** 67
substitute	**substituer** 202
subtract	**soustraire** 66
succeed	**réussir** 92
suck	**sucer** 147
suffer	**éprouver** 8, **souffrir** 133
sufficient (be)	**suffire** 194
suffocate	**suffoquer** 103
sugar	**sucrer** 31
suggest	**proposer** 31, **suggérer** 156
suit	**arranger** 116, **convenir** 159 (N)
sulk	**bouder** 31

summarize	**résumer** 31
summon	**convoquer** 103
supervise	**surveiller** 41
supply	**approvisionner** 67, **fournir** 92
support	**appuyer** 17, **soutenir** 198
suppose	**supposer** 31
suppress	**supprimer** 31
surface	**émerger** 111, **revêtir** 207
surpass	**surpasser** 154
surprise	**étonner** 67, **surprendre** 157
surrender	**capituler** 31, **rendre (se)** 171 (118)
surround	**encercler** 8, **entourer** 8
survey	**examiner** 8, **inspecter** 8
survive	**survivre** 208
suspect	**soupçonner** 67
suspend	**suspendre** 205
sustain	**soutenir** 198, **subir** 92
swallow	**avaler** 8
swap	**échanger** 116
sway	**osciller** 28, **vaciller** 28
swear	**jurer** 31
sweat	**suer** 202, **transpirer** 31
sweep	**balayer** 140
swell	**enfler** 8, **gonfler** 31
swim	**nager** 111
swing	**balancer** 112, **osciller** 28
switch on	**allumer** 8, **ouvrir** 134
switch off	**éteindre** 141, **fermer** 31
sympathize	**compatir** 92

T

tackle	**attaquer à (s')** 103 (118), **tacler** 103
take	**emmener** 119, **emporter** 8, **mener** 119, **prendre** 157
take apart	**démonter** 57
take away	**emporter** 31, **enlever** 73
take back	**rapporter** 31, **reprendre** 157
take down	**descendre** 59
take in	**héberger** 111 (100), **rentrer** 172, **tromper** 31
take off	**décoller** 31, **déduire** 200, **enlever** 73

take on	assumer 8, embaucher 8
take out	retirer 31, sortir 191
take over	reprendre 157
take up	monter 122
talk	parler 31
tame	apprivoiser 8, dompter 31
tan	bronzer 31
tangle	emmêler 8
tape	enregistrer 8
taste	déguster 31, goûter 31
tax	imposer 8, taxer 31
teach	apprendre 16, enseigner 97, instruire 60
tear	déchirer 31
tear apart	déchirer 31
tear down/off	arracher 8
tear up	déchirer 31
tease	taquiner 31
telephone	téléphoner 31
televise	téléviser 31
tell	dire 63, raconter 31
tell off	gronder 31
tempt	tenter 31
terrify	terrifier 47
test	éprouver 8, tester 31
thank	remercier 15
think	croire 48, penser 31, réfléchir 92
think up	inventer 8
threaten	menacer 147
thrive	pousser 154, prospérer 156
throw	jeter 108, lancer 112
throw back	rejeter 108, relancer 112
throw out	jeter 108, rejeter 108
tidy (up)	ranger 116
tie	attacher 8, nouer 110
tighten	serrer 188
time	minuter 31
tip up	basculer 31
tire	fatiguer 128

U

unbend	détendre 205
unblock	déboucher 31
underestimate	sous-estimer 31
undergo	subir 92
underline	souligner 97
undermine	saper 31
understand	comprendre 36
undertake	entreprendre 157
undo	défaire 90
undress	déshabiller (se) 28 (118)
unfold	déplier 47
unify	unifier 86
unite	unir 92
unload	débarquer 103, décharger 111
unlock	ouvrir 134
unmask	démasquer 103
unpack	déballer 31
unpick	découdre 42
unplug	débrancher 31
unroll	dérouler 31
unscrew	dévisser 154
untie	dénouer 110
unwind	dérouler 31
uphold	soutenir 198
upset	bouleverser 31, renverser 31
urge	encourager 111, presser 154
use	employer 129, user 8, utiliser 8

V

vacate	libérer 156, quitter 31
vaccinate	vacciner 31
value	estimer 8, évaluer 202
vanish	disparaître 136
vary	diversifier 47, varier 47
venture	aventurer (s') 118, hasarder 101
vibrate	vibrer 31
view	visiter 31
violate	violer 31

visit	**visiter** 31
vomit	**vomir** 92
vote	**voter** 31
vow	**vouer** 110

W

waddle	**dandiner (se)** 118
wail	**hurler** 101
wait	**attendre** 22, **patienter** 31
wake (up)	**réveiller (se)** 41 (118)
walk	**marcher** 31
wander	**errer** 188
want	**vouloir** 210
ward off	**obvier** 86
warm (up)	**chauffer** 31, **tiédir** 92
warn	**avertir** 92
wash	**laver** 31
waste	**gâcher** 31, **gaspiller** 28
watch	**observer** 8, **regarder** 31
watch out	**méfier (se)** 118
water	**arroser** 8
wave	**agiter** 7, **brandir** 92
waver	**osciller** 28
weaken	**affaiblir** 6, **faiblir** 6
wear	**porter** 31
wear down	**miner** 31, **user (s')** 8 (118)
wear out	**épuiser** 8, **user (s')** 8 (118)
weep	**pleurer** 31
weigh	**peser** 146
welcome	**accueillir** 2, **recevoir** 166
wet	**mouiller** 93
whine	**geindre** 141
whip	**fouetter** 31
whisk	**fouetter** 31
whisper	**chuchoter** 31
whistle	**siffler** 31
widen	**élargir** 7
win	**gagner** 97
wind	**enrouler** 8